D1672401

Alle Rechte der Verbreitung, auch durch Film, Funk und Fernsehen, foto-
mechanische Wiedergabe, Tonträger, elektronische Datenträger und aus-
zugsweisen Nachdruck, sind vorbehalten.

Für den Inhalt und die Korrektur zeichnet der Autor verantwortlich.

© 2013 united p. c. Verlag

Gedruckt in der Europäischen Union auf umweltfreundlichem, chlor- und
säurefrei gebleichtem Papier.

www.united-pc.eu

Brigitte A. Sailer

Mein Kind ist etwas Besonderes
Wie Familie trotzdem gelingen kann

Inhaltsverzeichnis

5

"All babies are good, but can know it themselves only by reflection, by the way they are treated."

Jean Liedloff (1926 – 2011)

Vorwort

Es liegt in der Natur des Menschen seinen Lebensplan nach Eignung und Neigung, und auch nach tradierten Wertmaßstäben auszurichten. Was aber machen wir, wenn anstelle des gesunden Wunschkindes ein Kind geboren wird, das in seiner Entwicklungsperspektive von unseren Erwartungen abweichen wird, dessen körperliche oder geistige Einschränkungen den gesteckten Lebenszielen eine enge Grenze setzen? Wir fragen zunächst nach dem warum, wir lernen mit fremder Hilfe das anfangs Unbegreifliche zu verstehen und suchen dann nach einer neuen Ausrichtung für den unerwartet anderen Lebensweg. Oftmals liegt ein unverschuldeter genetischer Fehler im Bauplan dieses Menschen zugrunde.

Das vorliegende Buch hat sich das vornehme Ziel gesetzt, in gerade dieser schicksalhaft veränderten Lebenslage eine Hilfe und Unterstützung zu geben. Es geht den Bedürfnissen eines mit einer Behinderung aufwachsenden Kindes, aber auch seines familiären Umfeldes nach, und gibt wertvolle Anregungen, wie sich beruflicher Alltag der Eltern, verständnisvolle Unterstützung durch gesunde Geschwister und ein offener ehrlicher Umgang mit der jeweiligen Einschränkung dennoch zu einem gelingenden Ganzen fügen können. Langjährige berufliche Erfahrung, persönliche Empathie und ein sorgfältiges Studium der Fachliteratur haben so eine gut gelungene Informationsschrift für Eltern wie Betreuer entstehen lassen.

Es ist als positiver Trend unserer Zeit zu vermerken, dass das Verständnis für das Anderssein wächst, darüber, dass Barrieren und Ressentiments abgebaut werden müssen, die unverschuldeten Behinderungen bislang begegnet sind. Dem wachsenden Verständnis für den Rollstuhlfahrer muss in noch vermehrtem Maße die Hilfe für das angeboren kranke oder hilfsbedürftige Kind folgen.

Eindringlich plädiert die Autorin für eine bestmögliche Unterstützung betroffener Familien durch Fachleute wie Psychologen/Psychologinnen, Sozialarbeiter/Sozialarbeiterinnen und Frühförderer.

„Wir schaffen das gemeinsam" legt Bekenntnis für ein uneingeschränktes Ja zum Leben ab; diesem Grundsatz folgend ist für alle Zukunft eine verständnisvolle öffentliche Meinung über die Vielfalt menschlichen Lebens zu wünschen.

Univ.-Doz. Dr. med. Olaf Rittinger
Klinische Genetik, Universitätsklinik für
Kinder- und Jugendheilkunde
Paracelsus Medizinische Privatuniversität (PMU)
Landeskliniken Salzburg (SALK)

1 Einleitung

Sie haben ein Kind mit besonderen Bedürfnissen…

Wenn Sie diese Seite lesen, haben Sie vielleicht gerade die Diagnose erhalten Mutter oder Vater eines Kindes mit besonderen Bedürfnissen zu sein. Oder Sie haben erfahren, dass eine Ihnen nahestehende Person mit dieser Diagnose konfrontiert wurde. Vielleicht sind Sie verzweifelt. Wie konnte das passieren? Warum ausgerechnet unser Kind? Wie wird das Leben nun aussehen?

Mit diesem Buch möchte ich Ihnen für das Leben mit Ihrem Kind mit besonderen Bedürfnissen Mut machen und Ihnen mögliche Wege aufzeigen, wie Familienleben trotzdem gelingen kann.

In diesem Buch ist die Rede von Kindern mit besonderen Bedürfnissen, gemeint sind damit körperlich beeinträchtigte, geistig beeinträchtigte Kinder und chronisch kranke Kinder. Der Sprachgebrauch ist hier noch sehr unterschiedlich und unterliegt einem ständigen Wandel. Nicht betrachtet, wegen wesentlicher Unterschiede, werden an dieser Stelle Kinder mit psychischen Erkrankungen. Eltern von Kindern mit besonderen Bedürfnissen sind besonders hohen Belastungen ausgesetzt. Gleichzeitig zeigt die Erfahrung aber auch, dass in solchen Familien besondere Stärken ebenso anzutreffen sind. Jede Familie ist dabei individuell. Natürlich reagiert jede Mutter und jeder Vater anders auf diese besondere Situation und verarbeitet sie unterschiedlich, auch abhängig von den Lebensverhältnissen und der eigenen Biografie. Daher kann es kein „Einheitskonzept" im Umgang für diese Familien und deren Situation geben.

Die beschriebenen Besonderheiten konfrontieren Eltern mit einigen neuen Aufgaben. Diese betreffen im Wesentlichen die Erweiterung der Kompetenzen durch notwendige Beratungen und Informationserwerb für die Gestaltung der Betreuungs-, Erziehungs- und Pflegebedürfnisse. Die notwendigen Förder-, Betreuungs-, Behandlungs- und Beratungsangebote sowie deren zeitliche Planung stellen eine weitere Anforderung an die Eltern und mitunter auch an Angehörige dar. Das Leben mit den Besonderheiten des eigenen Kindes, die gesellschaftlichen Normen und Werte sowie die alltäglichen Reaktionen der Umwelt auf das Kind macht eine Reflexion eigener Vorstellungen erforderlich. Dazu sind individuelle Bewältigungsprozesse notwendig. Die Anforderungen und Veränderungen im familiären Alltag sowie die Reaktionen des sozialen Umfeldes können zu einer Neubewertung bisheriger Beziehungen führen.

In vielen Fällen zeigt sich, dass Familien das Leben mit einem Kind mit besonderen Bedürfnissen gut meistern. Es muss etwas anders gestaltet werden, aber Familienleben kann gelingen!

Dieses Buch verfolgt zwei Hauptzielsetzungen. Zum einen beschreibt es die Hintergründe Ihrer möglichen Reaktionen. Zum anderen will es ein Wegweiser oder Kompass sein. Es werden Möglichkeiten aufgezeigt, wie Ihr Familienleben gelingen kann trotz der besonderen Situation. Ob Sie einen davon gehen und welchen Sie auswählen ist allein Ihre Entscheidung! Finden Sie für sich heraus was Ihnen jetzt gut tut und was für Sie möglich ist. Schauen Sie nach vorne, drehen Sie sich nicht um.

2 „Es ist normal, verschieden zu sein" ~ Begriffe

Was ist überhaupt gemeint, wenn wir von Menschen mit besonderen Bedürfnissen sprechen? Gleich vorweg ist festzuhalten, dass es bis dato keinen einheitlichen Begriff gibt. Diese Mannigfaltigkeit besteht international sowie quer durch und innerhalb einzelner Disziplinen. Im allgemeinen Sprachgebrauch wird von behinderten Menschen, beeinträchtigten Menschen, Menschen mit besonderen Bedürfnissen, geistig behinderten Menschen, Menschen mit Lernschwierigkeiten, und vielem anderen mehr gesprochen. Der bevorzugte Begriff verändert sich im Laufe der Zeit immer wieder.

Der Begriff „Behinderte" ist aufgrund unbewusst wirkender teilweise bestehender Vorurteile zu einem Stereotyp geworden. Früher wurden Begriffe wie „Krüppel" oder „Idiot" verwendet und derartige Formulierungen sind heute Ausdrücke von Beleidigungen. Auch der Umgang mit behinderten Menschen in der Zeit des Nationalsozialismus hat lange Zeit dazu beigetragen Behinderung mit Minderwertigkeit gleichzusetzen. Der Begriff „Behinderung" heute reduziert eine große Gruppe von Menschen auf bestimmte Merkmale, die in der breiten Bevölkerung als Defizite wahrgenommen werden. Damit werden diese Menschen aber nicht mehr in ihrem vollen Umfang wahrgenommen, sondern auf ihre Einschränkungen reduziert. Auch nichtbehinderte Menschen haben Stärken und Schwächen, verfügen über mehr und weniger gut ausgeprägte unterschiedliche Fähigkeiten. Nichtbehinderte Menschen werden jedoch in ihrer Gesamtheit, wie sie sind, betrachtet. Ebenso sollte auch bei Menschen mit besonderen Bedürfnissen nicht der Fokus auf ihre nicht vorhandenen Fähigkeiten, ihre Einschränkungen konzentriert sein, sondern der weite Blick für den gesamten Menschen mit seinem

Potenzial im Mittelpunkt stehen. Denn eine Reduzierung auf dessen Beeinträchtigungen stellt gewissermaßen auch einen Verlust ihrer Identität dar.

Bei dem Versuch trotz der Vielfalt an bestehenden Definitionen eine Annäherung an den Begriff „Behinderung" zu geben, kann grundsätzlich der Begriff „Behinderung" im juristischen und nichtjuristischen Sinn (Medizin, Sonder-/Heilpädagogik, Soziologie) unterschieden werden.[1]

So gibt es beispielsweise im Österreichischen Recht derzeit keinen einheitlichen Behinderungsbegriff, das österreichische Behindertenrecht ist eine sogenannte Querschnittsmaterie. Historisch gewachsen beinhalten verschiedene Bundes- und Landesgesetze Rechtsvorschriften, die Menschen mit besonderen Bedürfnissen betreffen und um zu einzelnen Leistungen zu gelangen, wurden teilweise unterschiedliche Definitionen festgelegt. Das österreichische Bundes-Behindertengleichstellungsgesetz (BGStG)[2] legt die Kriterien für Behinderung etwa wie folgt fest:

„Behinderung ist die Folge einer körperlichen, geistigen oder psychischen Funktionsbeeinträchtigung oder Beeinträchtigung der Sinnesfunktionen.
Die Beeinträchtigung muss voraussichtlich über mindestens sechs Monate bestehen. Die Teilnahme am gesellschaftlichen Leben ist dadurch erschwert."[3]
Die rechtliche Definition regelt die Gleichstellung von Menschen mit besonderen Bedürfnissen und zielt auf die Verhinderung von Diskriminierung ab.

In der medizinischen Literatur findet man ebenso keine einheitliche Definition für Behinderung. Die Medizin befasst sich mit der Behandlung und Heilung von

14

Krankheiten. Krankheiten sind *"Störungen im Ablauf der normalen Lebensvorgänge in Organen oder im gesamten Organismus mit der Folge von subjektiv empfundenen bzw. objektiv feststellbaren körperlichem, geistigen bzw. seelischen Veränderungen ...der zu einer von der Norm abweichenden vorübergehenden Beeinträchtigung führt."* [3] Diese Definition geht eher von einem biologischen Modell aus. Behinderung ist im Krankheitsbegriff nicht erfasst, denn Behinderung ist keine vorübergehende Beeinträchtigung. Idealtypisch könnte man sagen, Behinderung fängt dort an, wo Krankheit aufhört. Eine begutachtende Ärzteschaft wird von einem statistischen Normwert ausgehen. Jede vorübergehende Abweichung wird dann als Krankheit, jede dauernde Abweichung als Behinderung verstanden. [4]

In der Sonder-/Heilpädagogik wurde und wird eine breite Theoriediskussion zum Behindertenbegriff geführt. *Bleidick* [5] definiert den Begriff „Behinderung" folgendermaßen: *"Als behindert gelten Personen, die infolge einer Schädigung ihrer körperlichen, geistigen oder seelischen Funktionen soweit beeinträchtigt sind, dass ihre unmittelbaren Lebensverrichtungen oder ihre Teilhabe am Leben der Gesellschaft erschwert werden."*

Mit einer "Soziologie der Behinderten" befasste sich *Cloerkes* [6]. Er nimmt dabei eine Trennung zwischen „Behinderung" und „behindert" vor:
"Eine Behinderung ist eine dauerhafte und sichtbare Abweichung im körperlichen, geistigen oder seelischen Bereich, der allgemein ein entschieden negativer Wert zugeschrieben wird. "Dauerhaftigkeit" unterscheidet Behinderung von Krankheit, "Sichtbarkeit" ist im weitesten Sinne das "Wissen" anderer Menschen um die Abweichung."

15

*"Ein Mensch ist "behindert", wenn erstens eine uner-
wünschte Abweichung von wie auch immer definierten
Erwartungen vorliegt und wenn zweitens deshalb die
soziale Reaktion auf ihn negativ ist."*
Von einer Behinderung ist aus soziologischer Sicht also
dann zu sprechen, wenn eine Andersartigkeit in einer
bestimmten Kultur entschieden negativ bewertet wird.
Ausschlaggebend ist die unerwünschte Abweichung von
den jeweiligen Normen und Erwartungen.
Dieser Sichtweise zufolge werden Menschen nicht von
ihrer individuellen Beeinträchtigung behindert, sondern
durch ihre Umwelt.

Die *Weltgesundheitsorganisation (WHO)* unterscheidet
folgende drei Begriffe:
Schädigung: Darunter fallen Mängel oder Abnormitäten
der anatomischen, psychischen oder physiologischen
Funktionen und Strukturen des Körpers. Ursachen einer
Schädigung können sein: Erkrankung, Unfall oder an-
geborener Mangel.
Beeinträchtigung: Darunter fallen Funktionsbeeinträch-
tigungen oder –mängel aufgrund von Schädigungen, die
typische Alltagssituationen behindern oder unmöglich
machen.
Behinderung: Nachteile einer Person aus einer Schädigung oder Beeinträchtigung.
Diese Unterscheidung wird im englischsprachigen
Raum auch mit *impairment, disability* und *handicap*
unterschieden. Die WHO hat dies als bio-psycho-
soziales Modell von Behinderung bezeichnet. Im Jahr
2005 hat die WHO einen neuen Namen für die Klassifi-
kation eingeführt, ICF. ICF steht für „International
Classification of Functioning, Disability and Health".
Durch den neuen Ansatz sollen nun auch Komponenten
von Gesundheit erfasst werden.[7] „Impairment (Dimension der Körperfunktionen und Körperstrukturen, d.h.

organische, geistige, psychische Ebene z.B. Bewegung, Sensorik, mentale Funktionen), Activity (Dimension der Aktivitäten, d.h. Möglichkeiten, personale Ebene z.b. Kommunikation, Lernen, Interaktion) und Participation (Dimension der Partizipation, d.h. Teilhabe, gesellschaftliche, soziale Ebene z.b. Einbindung in eine Gemeinschaft, Beteiligung am Bildungswesen)".[8]

Es wäre wünschenswert, eine Definition von Behinderung nicht auf die Defizite, sondern auf die noch erhaltenen Fähigkeiten hinzulenken. Eine Neudefinition des Begriffes sollte beachten „*dass Sinn und Ziel eines Lebens nicht auf seine Brauchbarkeit, Schönheit und seine Leistungsfähigkeit reduziert werden darf, sondern dass auch der Behinderte, der Kranke und der Alte ein Mensch ist und seine Würde behält. Die legitimen Bemühungen um Überwindung von Krankheit und um Besserung der Folgen von Behinderung geben kein Recht, solchen Menschen ihr Existenzrecht abzusprechen.*"[9]

Der Ausblick auf die Zukunft aufgrund gegenwärtiger Bestrebungen lässt auf eine Verbesserung der Menschen mit besonderen Bedürfnissen hoffen. Als Beispiel sei hier die Independent living (Selbstbestimmt Leben)-Bewegung zu erwähnen. Sie nimmt eine Menschenrechtsperspektive ein, die sich auf das Recht auf Selbstbestimmung an vorderster Position der UN-Menschenrechtscharta beruft. Selbstbestimmt leben heißt, Kontrolle über das eigene Leben zu haben, basierend auf Wahlmöglichkeiten zwischen Alternativen. Dadurch soll die Abhängigkeit von anderen bei der Alltagsbewältigung so weit als möglich minimiert werden.
Ähnlich wie mit dem Begriff Behinderung verhält es sich mit der Definition „chronische Erkrankung". Viele Krankheiten, die früher tödlich verliefen, können heute

medizinisch behandelt werden. Häufig kann jedoch keine vollständige Genesung erreicht werden. Dies führt zu chronifizierten Zuständen, die mit bestimmten körperlichen, besonders aber auch psychischen und sozialen Beeinträchtigungen einhergehen. Es ist schwierig, eine befriedigende Definition der chronischen Krankheiten zu geben. *Daum et al*[10] umschreibt den Begriff als *„alle organischen, psychischen und psychosomatischen Krankheiten, deren Geschehen sich über Monate oder Jahre hinzieht"*. Chronische Erkrankungen lassen sich nicht losgelöst von der akuten Krankheit betrachten, mit der sie episodische körperliche Krisen teilen, und ebenso nicht von der Behinderung, mit der sie viele familiäre, soziale, schulische bzw. berufliche Beeinträchtigungen gemeinsam haben.

Die einzelnen chronischen Erkrankungen unterscheiden sich zum Teil stark hinsichtlich ihres Krankheitsbildes, ihrer Ätiologie und Symptomatik, führen allerdings zu ähnlichen psychosozialen Belastungen. *Beutel*[11] nennt folgende allgemeine Belastungen bei chronischen Krankheiten:

- Dauerhaft bzw. fortschreitende Krankheitsentwicklung
- Vorhersage des Krankheitsverlaufs nicht möglich
- Allgemein verringerte körperliche Leistungsfähigkeit
- Bedrohung körperlicher Unversehrtheit
- Langandauernde Abhängigkeit von medizinischen Spezialisten
- Krankenhausaufenthalte und Trennung von Angehörigen
- Vielfältige Verluste in persönlicher und sozialer Hinsicht

18

Die entscheidenden spezifischen Belastungen ergeben sich aus dem Verlauf und der Prognose der jeweiligen Krankheit bzw. wie diese von den Betroffenen subjektiv eingeschätzt werden. Die Vorhersagbarkeit, Gewissheit versus Ungewissheit, und die Beeinflussbarkeit, positive Kontrollüberzeugung versus Hilflosigkeit, spielen eine entscheidende Rolle.[12]

Die unterschiedlichen Definitionen von Behinderung und chronischer Erkrankung sowie die Unterschiedlichkeit der Datenerfassung liefern kein genaues statistisches Datenmaterial. Weder international (etwa durch die WHO, EU), noch österreichweit (etwa seitens Statistik Austria) liefern Daten klare Aussagen über die tatsächliche Zahl an Menschen mit besonderen Bedürfnissen. Der häufigste veröffentliche Wert, weltweit, innerhalb der Europäischen Union und österreichweit, liegt zwischen 10 und 15 %.

Am Rande sei angemerkt, dass der Begriff Normalität in unserem Sprachgebrauch häufig auch sehr gedankenlos verwendet wird. Wer ist normal? Sind wir nicht alle ein bisschen normal und ein bisschen nicht normal? Wo aber fängt das an, wo hört das auf? Mit welchem Maßstab wird gemessen? Wer definiert die Grenze zwischen normal und nicht normal? Welche Werte setzen wir dabei an? Das Verschiedensein der Menschen an sich ist schon normal.

In diesem Buch wird im Weiteren der Begriff Kinder mit besonderen Bedürfnissen bzw. besonderes Kind verwendet und umfasst sowohl die Menschen mit einer Behinderung körperlicher oder geistiger Art sowie Menschen mit einer chronischen Erkrankung. Dabei liegt der Fokus auf Eltern, die gleich bei der Geburt, oder wie auch häufig der Fall, im Laufe des Kleinkindalters die Diagnose erfahren. Nicht näher behandelt werden in diesem Buch Menschen mit einer psychischen Beeinträchtigung, da hier teilweise größere Unterschiede gegeben sind.

3 „Das haben wir nicht erwartet!" ~ Diagnose

Sie haben die Diagnose erhalten, ein Kind mit besonderen Bedürfnissen zu haben? Das haben Sie so nicht erwartet. Die endgültige Diagnose dass Sie ein Kind mit besonderen Bedürfnissen haben löst bei Ihnen im ersten Moment einen Schock aus. Sie hoffen, dass es sich um eine Fehldiagnose handelt. Sie sind vielleicht zunächst verzweifelt. Warum ausgerechnet unser Kind? Wie konnte das passieren? Wie wird das Leben mit einem Kind mit besonderen Bedürfnissen aussehen? Sie lehnen innerlich die Diagnose ab. Das erträumte Bild von der Zukunft Ihres Kindes zerbricht. Nach und nach begreifen Sie, dass Ihre Wünsche und Hoffnungen nicht in Erfüllung gehen werden und Ihr Leben anders wird und von Problemen gekennzeichnet sein wird. Es herrscht Unsicherheit.

Viele Beeinträchtigungen sind angeboren, manche werden erst im Verlauf der Entwicklung des Kindes sichtbar, so dass eindeutige Diagnosen im frühen Kindesalter oftmals noch nicht möglich sind.[13] Eltern berichten von betretenem Schweigen seitens der Ärzteschaft und Hebamme im Kreißsaal, wodurch sie eine Ahnung erfahren haben, dass mit ihrem Kind „etwas nicht stimmt". Andere Mütter berichten, dass ihnen ihr Kind nach der Geburt mit einer nur kurzen Erklärung, dass weitere Untersuchungen vorgenommen werden, abgenommen wurde und erst Stunden bis Tage später teilte ihnen ein Arzt den Verdacht auf oder die Gewissheit über eine festgestellte Besonderheit ihres Kindes mit. Müssen die betroffenen Mütter dann im Krankenhaus auch noch im selben Zimmer liegen wie eine Mutter mit einem gesunden Neugeborenen, wird dies zu einer schwer erträglichen psychischen Belastung. Ebenso stellt die Zeit der Ungewissheit, das oft auch lange Warten auf eine Diagnose, eine enorme emotionale Belastung für Mütter und Väter dar. Die Zeit des Wartens auf eine endgültige Diagnose bedeutet für Eltern eine Zeit des Hoffens und Bangens.

Für betroffene Eltern ist die Situation der Diagnoseeröffnung von ganz zentraler Bedeutung in ihrer Auseinandersetzung mit ihrem besonderen Kind. In der Regel fällt dem Arzt die Aufgabe zu, die Eltern über die Besonderheit ihres Kindes zu informieren. Das Gespräch der Diagnoseübermittlung ist für alle Beteiligten eine schwierige Situation. Da die Diagnoseeröffnung am Anfang des Verarbeitungsprozesses der Eltern steht, ist es von Bedeutung wie der Arzt die Diagnose übermittelt. Grundsätzlich wünschen sich Eltern eine möglichst frühe und gute medizinische Aufklärung. Diese Aufklärung sollte ihrem Bedürfnis nach Information über die Besonderheiten ihres Kindes gerecht werden und in einer für Eltern verständlichen Sprache geschehen. Für Eltern ist es wichtig, in die Überlegungen einbezogen zu werden, wenn es darum geht medizinische und therapeutische Schritte zu planen. Auf diese Art fühlen sie sich ernstgenommen und werden auf die Besonderheit ihres Kindes vorbereitet. Sollte eine angemessene Information und das Einbeziehen von medizinischer Seite aus nicht automatisch erfolgen, ist es durchaus Elternrecht dies einzufordern. Eine emotionale Unterstützung für Eltern stellt der freundliche Umgang seitens des medizinischen Personals dar. Es hilft Eltern zu wissen, dass sie ihren Arzt oder Therapeuten jederzeit anrufen können, wenn es ein Problem gibt. Sie erhalten dadurch das Gefühl, dass der Arzt an der weiteren Entwicklung des Kindes interessiert ist und sehen sich selbst besser imstande, die neue Situation in den Griff zu bekommen.[14]

Viele Eltern sehen am Anfang ihr Leben zerstört. In der Anfangsphase nach der endgültigen Diagnosestellung versuchen Eltern häufig alles zu tun, was ihnen möglich ist, um dem Kind zu einer Verbesserung zu verhelfen. Sie suchen verschiedene Ärzte auf, manche Eltern begeben sich auch auf die Suche nach verschiedenen alternativen Methoden und sie informieren sich ausgiebig. Das Informationsbedürfnis betroffener Eltern ist insbesondere nach der Diagnosestellung hoch, da das Wissen über die konkrete Besonderheit als Möglichkeit gesehen wird, das Gefühl der Hilflosigkeit gegenüber der neuen Situation zu überwinden.[15] Bis zu dem Zeitpunkt des Verdachtes einer Besonderheit oder der definitiven Diagnose haben die meisten Eltern wenig mit dem Thema Menschen mit besonderen Bedürfnissen zu tun. Sie wissen daher noch nicht, was das wirklich bedeutet.

Aus Untersuchungen über Arzt-Patient-Gesprächen[16] ist heute bekannt, dass Eltern im ersten Gespräch nur einen Bruchteil der Informationen wirklich aufnehmen und behalten. Der Großteil von dem Gesagten wird nicht vernommen. Zu groß ist der Schock am Anfang. Deshalb ist es immer sehr wichtig, dass auf ein erstes Aufklärungsgespräch ein weiteres Gespräch folgt. Sollten Sie als Eltern dieses Folgegespräch durch den Arzt nicht automatisch angeboten bekommen, liegt es an Ihnen dieses einzufordern. Es ist wichtig für Ihren weiteren Verarbeitungsprozess alle für Sie notwendig erscheinenden medizinischen Informationen zu erhalten.

4 „Warum ausgerechnet wir?" ~
Unmittelbare Reaktionen

Sie haben die Diagnose erhalten und fragen sich nun
Warum passiert das uns? Warum trifft es ausgerechnet
unser Kind? Sie sind erschüttert und voller Schmerz.

Grundsätzlich besteht bei der Diagnose eines Kindes
mit besonderen Bedürfnissen für Eltern die Problematik,
dass dieses Kind nicht jenes ist, das sie erwartet haben.
Die verschiedenen Besonderheiten variieren sehr in Art
und Schwere. Manche dieser Kinder haben die Aussicht
auf ein relativ normales und selbstbestimmtes Leben,
andere müssen sich auf massive Einschränkungen und
langwierige, komplizierte Behandlungen einstellen bzw.
auf eine lebenslange Pflegebedürftigkeit. Die Konflikte
und Enttäuschungen der Eltern variieren je nach Art,
Sichtbarkeit und Schwere der Behinderung. Je stärker
sich die Erwartungen und Einstellungen an Norm- und
Wertvorstellungen wie Schönheit, körperliche und geistige Unversehrtheit, Leistung und Erfolg orientieren,
desto größer sind die Konflikte.[17] Die Eltern kommen
mit ganz unterschiedlichen Voraussetzungen, Lebenseinstellungen und Bewältigungsmechanismen in diese
Situation.

Die Übermittlung der Diagnose leitet den Krisenverar-
beitungsprozess ein. Die Erstmitteilung sollte daher sehr
sorgfältig vorbereitet und durchgeführt werden. Die
Mitteilung der Besonderheit ihres Kindes wird von Eltern als ein überwältigender Schock erlebt. Es kommt zu
Wut, Erbitterung, Trauer, Enttäuschung, Verzweiflung
etc. Das vorherrschende Gefühl in dieser Zeit ist, dieses
Schicksal nicht ertragen zu können. Viele Eltern formu-
lieren, dass sie wie gelähmt und völlig schockiert waren.
Den Eltern ist es in diesem Moment weder möglich vor

dem Problem zu fliehen, noch das Problem zu lösen. Sie fühlen sich hilflos und handlungsunfähig. Wie sich Eltern in dieser krisenhaften Situation verhalten, variiert sehr. Manche tragen ihre Gefühle nach außen, suchen das Gespräch, wollen Informationen, haben Fragen. Andere ziehen sich zurück und wollen allein ihre Gefühle und Gedanken ordnen[18, 19, 20]. Manche Eltern zeigen als Reaktion auch eine projektive Abwehr. Das bedeutet, dass betroffene Eltern die eigenen Ablehnungstendenzen gegenüber ihrem besonderen Kind der Umwelt zuschreiben.[21]

5 „Wie soll es nun weitergehen?" ~ Bewältigungsprozess

Nahezu grenzenlos ist vielleicht Ihr Schmerz am Beginn. Wie sollen Sie diese Situation bewältigen? Wie soll es nun weitergehen? Werden Sie das schaffen? Diese und ähnliche Fragen schießen Ihnen durch den Kopf.

Es gibt keine generelle Regel für die Art und Dauer des Verarbeitungsprozesses und für die unmittelbaren Reaktionen. Die ersten Tage und Wochen werden von den Eltern als die schwierigste Zeit beschrieben.[22] Die Eltern müssen sich in dieser Zeit mit ihrer neuen Aufgabe zurechtfinden. Ihre Gefühle sind ein ständiges Auf und Ab.

Der Verarbeitungsprozess hat auch mit Trauer zu tun. Zunächst geht es um das Ende der vorgestellten Zukunft, da diese Vorstellung von einem gesunden Kind ausging.[23] Erst nach erfolgter Trauer um das erwartete gesunde Kind, kann die Annahme des besonderen Kindes erfolgen *Jonas*[24]. Man spricht von einem traumatischen Einschnitt mit einer umfassenden Verlusterfahrung.

Im Folgenden werden unterschiedliche Ansätze zum Verlauf der Verarbeitung erläutert. Sie zeigen alle verschiedenartig auf, wie der Verarbeitungsprozess ablaufen kann. Dabei ist das in den weiteren Ausführungen beschriebene Konzept der Kritischen Lebensereignisse vor allem für die Zeit der Diagnose relevant. Im daran anschließenden Ansatz nach Lazarus, der sich der Stressforschung gewidmet hat, werden mehr die kleinen, alltäglichen Ereignisse betrachtet. Weiters wird das Krisenverarbeitungsmodell nach Schuchardt vorgestellt. Diese verschiedenen Ansätze sollen Ihnen zeigen, wie der Prozess der Bewältigung ablaufen kann bzw. häufig abläuft.

Kritische Lebensereignisse

Üblicherweise verläuft das Leben von Menschen nicht immer ganz geradlinig. Die meisten Biografien zeichnen sich durch einen Wechsel von guten und schlechten Phasen aus. Der Lebenslauf ist charakterisiert „durch eine kaum übersehbare Fülle an Ereignissen, die mehr oder minder abrupt und unvorhergesehen eintreten, die mehr oder minder gravierend in alltägliche Handlungsvollzüge eingreifen, die mehr oder minder dramatisch verlaufen und der Person Umorientierungen in ihrem Handeln und Denken, in ihren Überzeugungen und Verpflichtungen abverlangen."[25]

Das Konzept der „Kritischen Lebensereignisse" hat seinen Ursprung in der klinisch-psychologisch orientierten „Life Event Forschung".[26] Diese beschäftigt sich mit der psychischen Belastung von bedeutsamen Lebensereignissen. Mittlerweile werden Lebensereignisse auch unter einem entwicklungspsychologischen Aspekt betrachtet. Dabei wird Entwicklung als lebenslanger Prozess verstanden, in dem Veränderungen eine Folge der Begegnungen der Person mit der Umwelt sind. Kritische Lebensereignisse haben Bedeutung für Veränderungen über die gesamte Lebensspanne hinweg. Sie haben eine besonders hohe negative oder positive Wertigkeit für die Person. Sie fordern ein hohes Maß an Lebensveränderung (Umorientierung, Restrukturierung).[27] Charakteristisch für kritische Lebensereignisse ist ein Ungleichgewicht im Passungsgefüge zwischen Person und Umwelt, welches stressreiche Anpassungsleistungen erfordert.[26]

Kritische Lebensereignisse bringen Brüche und Diskontinuitäten in die Biografie eines Menschen. Sie erzeugen Spannungen und der Mensch ist im Allgemeinen bestrebt Spannungszustände zu reduzieren. Kritische Lebensereignisse stellen Grenzerfahrungen dar und können ein bestehendes Sinnkonzept ins Wanken bringen. Sie erfordern besondere Anpassungsleistungen und können als Bedrohung des Selbst, der eigenen Identität, wahrgenommen werden. Wie gut die Bewältigung eines kritischen Lebensereignisses gelingt, hängt auch davon ab, wie es wahrgenommen und bewertet wird.

Stress und Stress-Theorie (Lazarus)

Davon ausgehend, dass die Diagnose ein Kind mit besonderen Bedürfnissen zu haben für die betroffenen Eltern eine schwere Belastung darstellt, kann zu diesem Zeitpunkt nicht sicher gesagt werden, ob dieses Ereignis die Ursache oder Auslöser für ein Belastungsempfinden, also Stress, ist.

Nitsch[28] beschreibt vier verschiedene Bedeutungen von Stress:

* Stress als Reiz, situativ belastendes Ereignis
* Stress als Reaktion auf bestimmte Ereignisse mit einer körperlichen Anpassungsreaktion, der Alarmreaktion, Anpassungs- bzw. Widerstandsphase und Erschöpfung
* Stress als vermittelnder Prozess zwischen Reiz und Reaktion
* Stress als Prozess der Auseinandersetzung des Individuums mit seiner Umwelt, also als transaktionaler Prozess. Stress wird hier nicht als statischer Zustand, sondern als ein dynamisches Geschehen zwischen Individuum und Umwelt gesehen. In diesem Prozess nimmt das Individuum eine spezifische Bewertung des Ereignisses vor und mobilisiert die ihm eigenen, von verschiedenen Faktoren abhängigen und biografisch geprägten Bewältigungsressourcen

Der Begriff Stress kommt ursprünglich aus der Physik. Dort versteht man unter Stress die Anspannung, den Druck und die Verzerrung von Metallen oder Glas. Später wurde Stress in der Medizin und Psychologie von Hans Selye untersucht. Er definierte Stress wie folgt: „Die Belastungen, Anstrengungen und Ärgernisse, denen ein Lebewesen täglich durch viele Umwelteinflüsse ausgesetzt ist. Es handelt sich um Anspannungen und

Anpassungszwänge, die einem aus dem persönlichen Gleichgewicht bringen können und bei denen man seelisch und körperlich unter Druck steht."
Stress ist ein uraltes Programm unserer Gene. Sinn der Stressreaktion war in der Geschichte der Menschheit ursprünglich die Lebenserhaltung durch einen reflexhaften Angriffs- und Fluchtmechanismus. Wenn Gefahr droht, kommt es nach einem ersten Schreckmoment zu einer enormen Kraftentfaltung. Innerhalb kurzer Zeit ist der Mensch kampf- oder fluchtbereit. Man spricht von der Alarmreaktion des Körpers, die auf jede Art möglicher Gefährdung des Wohlergehens automatisch erfolgt. Nun kommt es wesentlich darauf an, ob man glaubt die Kontrolle über die Situation zu haben oder nicht. Situationen, in denen man sich ausgeliefert fühlt, und glaubt sie nicht beeinflussen zu können, kommt es oft zu Gefühlen von Hilflosigkeit und Überforderung. In Situationen, in denen man sich herausgefordert fühlt, kommt einem die Energie der Stressreaktion zugute.
Erst die persönliche Bewertung des Menschen bewirkt also, ob Stress als negativ, genannt Distress, oder als positiv, genannt Eustress erlebt wird. Dabei spielen die eigenen Fähigkeiten sowie die Einschätzung der Umgebung eine Rolle.

Eine weitere Unterteilung von Stress unterscheidet akuten Stress und chronischen Stress. Unter akutem Stress versteht man ein vorübergehendes Erregungsmuster mit einem klar abgrenzbaren Beginn und Ende. Hier folgt auf eine Alarmphase eine Erholung. Chronischer Stress hingegen ist eine andauernde Erregung. Hier schätzt ein Mensch die Anforderungen einer Situation als mit den vorhandenen Ressourcen nicht bewältigbar ein. Chronischer Stress tritt ein, wenn nach einer belastenden Distress-Situation keine Erholungsphase folgt.

Befinden sich Menschen in einer Stresssituation, versuchen sie, mit dieser umzugehen. Alle Maßnahmen, um sich mit der jeweiligen Belastung auseinanderzusetzen, werden unter dem Begriff „Coping" (Bewältigung) zusammengefasst. Innerhalb der Coping-Forschung gilt die Stress-Theorie nach *Lazarus* [29] als richtungsweisend.

Der Stress-Theorie nach Lazarus stellt die Person-Umwelt-Beziehung sowie subjektive Bewertungs- und Verarbeitungsprozesse in den Mittelpunkt der Betrachtung. Stress beinhaltet als Reiz interne und externe Anforderungen, welche die Anpassungsfähigkeit einer Person beanspruchen oder übersteigen. Als Reaktion bedeutet Stress einen subjektiven Prozess des Wahrnehmens und Bewertens von Stress-Reizen, Stress-Reaktionen und Folgen.

Stress kann als Anpassungskrise und Stressbewältigung als Anpassung definiert werden. In der Anpassungskrise ist die Handlungsfähigkeit der betroffenen Person gefährdet. Stress tritt auf, wenn Anpassung notwendig und zugleich schwierig ist. Anpassungsschwierigkeiten hängen von den wahrgenommenen Anforderungen und der eigenen Bewältigungskompetenz ab.[29a]

Im Falle eines als Stress wahrgenommenen Ereignisses werden in dieser Theorie drei Formen der primären Bewertung unterschieden: „Bedrohung", „Schaden, Verlust" und „Herausforderung".

Die besonderen Bedürfnisse des Kindes stellen ein Stressereignis für die Eltern dar. Das Ereignis ruft Angst hervor und stellt die Eltern vor enorme Anforderungen. Es konfrontiert sie mit der Notwendigkeit, sich anzupassen, ebenso wie mit mehr oder weniger großen Anpassungsschwierigkeiten.

1. In der Verdachtszeit wird das Stressereignis „Entwicklungsprobleme des Kindes" primär als Bedrohung bewertet. Die Ungewissheit der Eltern über die weitere Entwicklung des Kindes beinhaltet die Befürchtung, dass eine Beeinträchtigung vorliegen könnte. Die (sekundäre) Folge davon sind Unsicherheit und Angst.
2. Die Zunahme der Probleme bzw. des Problembewusstseins führt zu einer Bewertung als „Schaden, Verlust". Enttäuschung, Niedergeschlagenheit und Trauer sind mögliche (sekundäre) Folgen.
3. In der Folge entwickeln die Eltern ein sogenanntes palliatives Coping-Verhalten, das bedeutet eine emotionsbezogene Bewältigung. Dabei zielt das Verhalten auf die Linderung der Belastungssymptome ab.
4. Die emotionale Entlastung bewirkt eine Neubewertung der Probleme, der eingetretene Schaden, Verlust wird als behebbar betrachtet.
5. Neben der Bedrohung wird die Situation auch als Herausforderung bewertet. Sekundär entwickeln die Eltern ein sogenanntes instrumentelles Coping-Verhalten, auch als problembezogenes Coping bezeichnet. Hier befassen sich Eltern direkt mit den Bedingungen, von denen eine Bedrohung oder Herausforderung ausgeht. Dazu gehören Informationssuche, direkte Aktion und innere Aktivierung.
6. Die zunehmende Bereitschaft und Fähigkeit von Müttern und Vätern, die Beeinträchtigung rational zu bejahen und emotional zu verarbeiten, und in ihrer Situation einen Sinn zu sehen, sind Ausdruck einer Neubewertung. Der Verlust wird nicht mehr nur negativ gesehen, sondern hat auch positive Aspekte.

Krise und Spiral-Phasen-Modell (Schuchardt)

Krise kommt vom Griechischen "krisis" und war ursprünglich ein neutraler Begriff mit der Bedeutung Entscheidung. Im Chinesischen hat das Schriftzeichen für Krise die Bedeutungen Gefahr und Chance. Erst nach Übernahme in die lateinische und schließlich deutsche Sprache wurde der Begriff offenbar emotional aufgeladen. Denn nun war von belastenden oder dramatischen Situationen die Rede, wo es zu Entscheidungen kommen muss.

Unter einer Krise, hier im Sinne einer psychosozialen Krise, versteht man allgemein den Verlust des psychischen Gleichgewichts, den ein Mensch verspürt, wenn er mit Ereignissen und Lebensumständen konfrontiert wird, die er im Moment nicht bewältigen kann. Das Ereignis ist in Art und Ausmaß so, dass seine durch frühere Erfahrungen erworbenen Fähigkeiten und Strategien zur Bewältigung dieser Situation nicht ausreichen. Begleiterscheinungen einer Krise können negative psychische, medizinische und soziale Folgen sein. Krisen sind keine krankhaften Zustände, sie kommen im Leben jedes Menschen vor. Unbewältigte Krisen können allerdings Krankheiten hervorrufen.

Lebensveränderungskrisen, wie sie bei Übergängen im Leben passieren und traumatische Krisen, die in der Regel plötzlich auftreten, weisen einen unterschiedlichen Krisenverlauf auf.

Caplan (1964)	Cullberg (1978)
1. Normales Problem- lösungsvermögen 2. Ineffektivität 3. Mobilisierung zusätzlicher Ressourcen 4. Totale Verhaltens- desorganisation („psychischer Zu- sammenbruch")	1. Schock 2. Reaktion 3. Bearbeitung 4. Neuorientierung (+) bzw. Fixierung (-)

Abb. 1: Krisen-Modelle nach Caplan und Cullberg
Quelle: zit. in Sonneck 2000, S. 16[30]

Das *Krisenmodell* nach dem amerikanischen Sozialpsychiater *Caplan* (1964) formuliert Krise als eine negativ empfundene Veränderung des Gleichgewichts zwischen Individuum und Umwelt. Es enthält vier Phasen:
1. Phase der angepassten und routinierten Reaktion: Der Betroffene wendet ihm vertraute Problemlösungsstrategien an. Bereits in dieser Phase können sich Gefühle wie Angst, erhöhte Spannung, Bedrohung und Beunruhigung einstellen. Mit jedem misslungenem Versuch, die Situation mit bekannten Maßnahmen zu bewältigen, steigt die belastende Spannung an. Der Betroffene sieht sich immer weniger in der Lage, eine Lösung für seine Probleme zu finden.
2. Phase der Unsicherheit und Überforderung: Das Geschehen der ersten Phase spitzt sich zu, die Bewältigungsstrategien des Betroffenen zeigen keinen Erfolg. Er muss sich eingestehen, dass er überfordert ist. Die starke emotionale Verunsicherung lässt den Betroffenen kaum noch Perspektiven erkennen. Gefühle der Hilflosigkeit und des Versagens nehmen überhand.

3. Phase der Abwehr durch den Einsatz aller verfügbaren Mittel: Alle äußeren und inneren Ressourcen werden mobilisiert. Der Leidensdruck ist so groß, dass der Betroffene auch zu ungewohnten Verhaltensweisen greift, um das Problem zu lösen. Möglicherweise kann er das Problem in dieser Phase lösen und gewinnt damit an Stärke und neuem Selbstbewusstsein.

4. Phase der Erschöpfung, der Rat- und Hilfslosigkeit: In dieser Phase entscheidet sich, ob das Krisengeschehen positiv oder negativ verläuft. Besteht die bedrängende, belastende Situation weiter, verschlechtert sich das seelische und körperliche Wohlbefinden des Betroffenen stark. Schließlich kommt es zum Zusammenbruch der Persönlichkeit. Oft ist professionelle Hilfe nötig, um einen Bewältigungsprozess auszulösen.

Der schwedische Psychiater Johan *Cullberg* stellte 1978 ebenfalls ein *Vier-Phasen-Krisenmodell* vor:

1. Schockphase: In diesem Ausnahmezustand wird die Realität kaum wahrgenommen oder sogar verleugnet. Die Merkfähigkeit ist eingeschränkt, so dass Informationen eventuell gar nicht aufgenommen werden können. Daher müssen wichtige Informationen zu einem späteren Zeitpunkt, gegebenenfalls auch mehrfach, wiederholt werden. Die Schockreaktion schützt die Psyche.

2. Reaktionsphase: Tatsachen gelangen schmerzhaft ins Bewusstsein bei gleichzeitiger Anwendung von Abwehrmechanismen wie Verleugnung, Ausbildung einer Sucht oder Krankheit, Verdrängung, Regression oder depressive Erstarrung.

3. In der Bearbeitungsphase ist eine Ablösung von alten Bedürfnissen und Vorstellungen möglich. Eine Auseinandersetzung mit der Situation, z.B. durch Einho-

36

len von Informationen, kann erfolgen. Man kommt zunehmend auf die rationale Ebene.

4. Neuorientierungsphase: Der vorangegangene Verlust wird im Idealfall durch veränderte Sinnfindung und Zielvorstellungen zunehmend kompensiert. (ebd.)

Die Diagnose *„Kind mit besonderen Bedürfnissen"* kann eine akute Krise auslösen, was auch bei den meisten Eltern passiert. Akute Krisen entstehen immer dann, wenn etwas geschieht, das uns völlig aus der Bahn wirft, unser Leben plötzlich gründlich aus den Fugen hebt. Die Diagnose über eine Behinderung bzw. chronische Erkrankung ist genau solch ein Ereignis. Als Eltern in dieser Situation sind Ihre alltäglichen und erprobten Lösungsversuche massiv überfordert und Sie sind gefangen in einem Netz aus Angst, Trauer, Schmerz, Wut und Ohnmacht. Die Persönlichkeit, die eigene Werthaltung und Lebensauffassung, das Selbstgefühl und Gewissen können betroffen sind. Eine akute psychische Krise ist eine normale Reaktion auf eine „abnormale" Situation.

Um die unmittelbaren Reaktionen und den Verarbeitungsprozess der Eltern zu beschreiben, wird hier noch das Spiral-Phasen-Modell von *Schuchardt*[31] vorgestellt.

Das Spiral-Phasen-Modell von Schuchardt ist ein Krisenverarbeitungsmodell. Es beschreibt in acht Phasen den Verlauf und die Dynamik, des mitunter lebenslangen, Ringens und Lernens in Folge eines krisenhaften Lebensereignisses.

37

1. Phase Ungewissheit: „Was ist eigentlich los?"
   Am Anfang steht der Schock. Die Diagnose „Kind mit besonderen Bedürfnissen" löst eine Krise aus. Ein an Normen und Werten ausgerichtetes Leben gerät durcheinander. Eltern setzen alle Abwehrmechanismen in Gang, um den Krisenauslöser zu verdrängen. Es kann nicht sein, was nicht sein darf. Alle Indizien werden bagatellisiert und jeder aufkommende Zweifel für nichtig erklärt. Mit der Zeit können jedoch die aufkommenden Zweifel nicht mehr negiert werden. Die labile Gefühlslage macht es noch unmöglich die Realität anzuerkennen. Es häufen sich die Versuche, die drohende Gewissheit abzuwehren (selektive Wahrnehmung).
2. Phase Gewissheit: „Ja, aber das kann doch nicht sein!"
   Die Eltern sind in Ambivalenz zwischen dem verstandesmäßigen Ja, das Anerkennen der Wahrheit, und dem gefühlsmäßigen Nein.
3. Phase Aggression: „Warum gerade ich?"
   Jetzt wird die rationale Erkenntnis auch emotional erfasst. Dies führt zu ungesteuerten Gefühlsausbrüchen. Eltern werden in dieser Phase von so starken Gefühlsstürmen überwältigt, dass sie an ihnen zu ersticken glauben oder sie gegen ihre Umwelt richten. Diese Aggression sucht nach Ersatzobjekten, nach einem Ventil um die Schwere an Gefühlen abbauen zu können.
4. Phase Verhandlung: „Wenn…, dann muss aber!"
   Diese Phase könnte als ein letzter Versuch des Sich-Aufbäumens verstanden werden. Verschiedene Maßnahmen, von Ärzte-Rundgängen bis zu religiösen Handlungen, werden eingeschlagen um aus der Situation herauszukommen und Kontrolle über sie zu erlangen.

5. Phase Depression: „Wozu…, alles ist sinnlos!"
Die nach außen gerichteten sind erschöpft, Verzweiflung und Resignation folgen. Der endgültige Verzicht auf alle Versuche, den unmkehrbaren Verlust (des erwarteten gesunden Kindes) zu leugnen, wird von Traurigkeit begleitet.

6. Phase Annahme: „Wir handeln!"
In der Phase der Annahme lernen Eltern das Unausweichliche anzunehmen. Dies ist jedoch nicht gleichzusetzen mit bereitwilliger Bejahung oder resigniertem Aufgeben. Vielmehr ist es eine Phase des Lernens im Prozess der Verarbeitung.

7. Phase Aktivität: „Ich tue das!"
Der selbstgefasste Entschluss, mit der Krise zu leben, setzt neue Kräfte frei. Eltern erkennen, dass nicht zählt, was man hat, sondern wie man das, was man hat, gestaltet. Normen und Werte bzw. Blickwinkel werden verändert. Eltern verändern sich und geben dadurch einen Anstoß im Umgang mit der neuen Situation.

8. Phase Solidarität: „Wir handeln!"
Diese letzte Stufe im Lernprozess der Verarbeitung wird nicht von allen Menschen erreicht. Sie ist der Ausdruck einer erfolgreichen Krisenverarbeitung.[32]

„Es gibt am Ende keine Lösung, im Sinne von erlöst werden von der Last. Die einzig mögliche Lösung besteht darin, nicht mehr im Widerstand gegen das scheinbar unannehmbare, sondern mit ihm zu leben, und zwar durch Übernahme einer neuen Aufgabe, die es individuell sowie solidarisch zu gestalten gilt."[31a]

Die einzelnen Phasen werden nicht unbedingt in der oben skizzierten Reihenfolge durchlebt.

Der Bewältigungserfolg, im Sinne von Annahme der Besonderheit ihres Kindes als Herausforderung, soll nicht darüber hinwegtäuschen, dass die Besonderheit trotz der Akzeptanz als emotional belastender Verlust und als Bedrohung der Zukunft weiterhin wirksam bleiben kann.[33]

Einflussfaktoren auf das Bewältigungsgeschehen

Aus der Erkenntnis, dass viele Familien mit einem Kind mit besonderen Bedürfnissen und ihrer damit verbundenen speziellen Lebenssituation gut zurechtkommen, wurden Bedingungen identifiziert, die eine Bedeutung für das Bewältigungsgeschehen haben. Zu den gefundenen Ressourcen und Einflussfaktoren zählen nach derzeitigem Wissensstand[34]:

- Persönlichkeitsfaktoren:
    * physische und psychische Gesundheit der Eltern
    * positive Lebenseinstellung, Optimismus und Zufriedenheit
    * Selbstwertgefühl, Kontrollüberzeugung
    * religiöse Orientierung und Werthaltungen
- Familie und Paarbeziehung:
    * Familienstand - erlebte Intensität der Unterstützung (emotional, praktisch)
    * gegenseitige Hilfe und Teilung der Verantwortung
- Lebenslage der Familie:
    * ökonomische Verhältnisse (Stresserhöhung bei wirtschaftlicher Anspannung)
    * Bildungsgrad, Informiertheit über verfügbare Versorgungsleistungen und Nutzung
    * sprachliche Barrieren (Zugangsschwierigkeiten - Familien mit Migrationshintergrund)
- Merkmale des Kindes:
    * Alter
    * Geschlecht
    * Art der Beeinträchtigung
    * Verhaltensmerkmale des Kindes (z.B. Unruhe, Schreien führen zu erhöhtem Stresserleben bei Eltern)

- Soziale Unterstützung:
  * Beziehung zu Verwandten, Freunden, Nachbarn im Sinne von Ressourcen, die einen positiven Einfluss auf das Stresserleben ausüben
  * Selbsthilfegruppen
- Qualität der Beziehung zu den professionellen Begleitern:
  * Informationen
  * Behandlung von Gefühlen der Hilflosigkeit (verringert)
  * Gefühl der Kontrolle über die Situation (erhöht)
  * Interventionsprogramme für betroffene Eltern

Bewältigungsstrategien

Die Bewältigungsaufgaben bei der Diagnose „Kind mit besonderen Bedürfnissen" sind jene konkreten Herausforderungen, mit denen Sie sich als Eltern auseinander setzen müssen. Dies zu meistern ist notwendig um ein positives Selbstkonzept zu bewahren oder wiederherzustellen und im Hinblick auf Beziehungen und Rollen weiterhin funktionsfähig zu bleiben.

Miller[35] zeigt die Bewältigungsaufgaben und Bewältigungsstrategien, die Menschen mit einer chronischen Erkrankung durchleben. Dabei können Annäherungsstrategien, Vermeidungsstrategien oder eine Mischung beobachtet werden. Ein Bewältigungsverhalten wird dann als erfolgreich angesehen, wenn es die mit der Bedrohung bzw. dem Verlust verknüpften unangenehmen Gefühle beseitigt, die Integrität des Betroffenen aufrecht erhält und sowohl Funktionsfähigkeit im sozialen Bereich als auch ein positives Selbstkonzept bewahrt werden können. Die Bewältigungsstrategien sind individuell unterschiedlich.

Die Bewältigung chronischer Krankheit kann im Großen und Ganzen auf die Bewältigung von Behinderung übertragen werden. Folgende Aufgaben ergeben sich:

- Krankheitsbezogene Aufgaben wie:
  * Anerkennung und Bewältigung der Beeinträchtigung
  * Auseinandersetzung mit der notwendigen medizinisch-therapeutischen Behandlung
  * Entwicklung und Aufrechterhaltung adäquater Beziehungen zu Ärzten und Pflegekräften
  * bei manchen auch: Anerkennung und Bewältigung eines ungewissen Krankheitsverlaufs und einer ungewissen Zukunft

- Personenbezogene Aufgaben wie:
  - * Entwicklung und Aufrechterhaltung eines emotionalen Gleichgewichts
  - * Aufrechterhaltung eines ausreichenden Selbstwertgefühls
- Umweltbezogene Aufgaben wie:
  - * Umgestaltung und Aufrechterhaltung der wichtigen Beziehung zu Familie und Freunden

6 „Was nun?" ~ Trauer

Als werdende Eltern waren Sie erfüllt mit Hoffnungen und Plänen für Ihr Kind. Häufig wünschen Eltern sich für ihre Kinder etwas, das sie selbst immer wollten, aber nicht erreichten oder erhielten. Wenn sie dann die Diagnose von der Besonderheit ihres Kindes bekommen, zerbrechen all ihre Träume. Für Eltern eines Kindes mit besonderen Bedürfnissen ist es zunächst fremd, dass man um jemanden trauert, der lebt. In der westeuropäischen Kultur herrscht die Vorstellung, dass nur getrauert wird, wenn jemand verstorben ist. Dieses Trauern bezieht sich auf den Verlust des erwarteten gesunden Kindes, das nun nicht geboren wurde. Stattdessen haben Sie ein Kind mit besonderen Bedürfnissen. Alle Erwartungen sind auf einmal zerschlagen worden. Die Gefühle können in der Folge sehr intensiv und auch verwirrend für Sie als Eltern sein. Solche Gefühle, die von Ängsten bis tiefer Enttäuschung reichen, sind eine normale und angemessene Reaktion auf die neue Lebenserfahrung. Sie sind normal in dieser Situation und dürfen sein! Trauer ist ein vorübergehendes Stadium. Es kommt plötzlich von allein und geht auch wieder von allein.[36] Sie müssen Ihre ursprünglichen Vorstellungen aufgeben und sich neue, realistische Ziele setzen.

Wenn betroffene Eltern als Folge des Verlustes des erwünschten gesunden Kindes, Trauer erleben, erfolgt dies üblicherweise in verschiedenen Stadien. *Kast*[37] beschreibt den Verarbeitungsprozess bei Trauer in vier Phasen:
1. Phase des Nicht-wahrhaben-Wollens:
   Diese Phase wird durch Empfindungslosigkeit charakterisiert. Der Trauernde fühlt sich starr. Dies entspringt einem Gefühlsschock. Dies kann als Überwältigung von einem zu starken Gefühl, mit dem der

Trauernde nicht umzugehen versteht, gewertet werden.

2. Phase der aufbrechenden Emotionen:
In dieser Phase kommt es zu Gefühlsausbrüchen. Die am häufigsten genannten Gefühle sind Wut, Zorn, Niedergeschlagenheit, Angst, Ohnmacht. Die Gefühle werden auch übertragen an andere Personen, wie z.B. Angehörige, Pflegepersonal, Freunde. Die Suche nach Schuldigen wäre der Beweis, dass man doch nicht so ohnmächtig ist. Es scheint, dass die Reaktion auf die Ohnmacht, die angesichts der Situation erfahren wird, diese Reaktionen von Zorn, Wut und Niedergeschlagenheit bewirkt. Auch Schuldgefühle können in dieser Phase auftreten.

3. Phase des Suchens und Sich-Trennens:
Suchen kann als ein Widerstand gegen die Veränderung, ein Retten der alten Gewohnheiten, angesehen werden. Zudem hat das Suchen den Sinn, sich immer wieder mit dem Menschen auseinander zu setzen, den man verloren hat. Die Trauerarbeit ist dann gelungen, wenn die Trennung akzeptiert wird.

4. Phase des neuen Selbst- und Weltbezugs:
Diese Phase zeichnet sich dadurch aus, dass der Verlust nun akzeptiert wird. Mit dem Tod verbunden ist auch die Frage nach dem Sinn des Lebens. Die Sinnerfahrung kann gemacht werden, wenn sich ein neues Selbst- und Welterleben entwickelt hat.

In jeder Phase im Trauerprozess kann es zu einem Festsitzen kommen. Probleme unterdrückter Trauerprozesse können sehr vielseitig sein. Beispielsweise kann es zu einer Trauerverdrängung durch die Flucht in die Geschäftigkeit kommen. Ein Mensch lebt so weiter, als wäre nichts passiert. Eine andere Möglichkeit besteht im Sich-Kümmern um andere Menschen. Damit erfolgt eine Verschiebung der eigenen Trauerarbeit auf andere.

Trauer kann auch in eine Depression münden. Dies geschieht vor allem wenn aggressive Gefühle nicht zugelassen werden.

Lassen Sie diesen natürlichen Prozess der Trauer mit all den Empfindungen zu, dadurch schaffen Sie die Voraussetzung das vor Ihnen liegende Leben zu meistern! Wenn Sie sich Ihre Trauer nicht zugestehen, fällt es Ihnen später schwerer, mit Ihrer Situation zurecht zu kommen und Ihrem Kind die notwendige Unterstützung zu geben.[38]

Für jede Trauer gilt, die Seele lässt sich nicht anschieben. Gestehen Sie sich und Ihrem Partner/Ihrer Partnerin, Ihren Angehörigen, Freunden, Bekannten daher die Zeit zu die jeder braucht.

Das sterbende Kind
Viele Kinder mit besonderen Bedürfnissen haben eine ganz normale Lebenserwartung. Manche aber leiden an einer Krankheit oder Beeinträchtigung, die eine verkürzte Lebenserwartung mit sich bringt. Hier müssen sich Eltern vergegenwärtigen, dass das Leben ihres Kindes mit besonderen Bedürfnissen eine kürzere Lebensspanne hat. *Doch ein Kind bleibt ein Geschenk, egal wie lange es lebt.* Der Tod trifft alle Familienmitglieder, die Eltern, die Kinder, Angehörige. Sollten Sie den Tod Ihres Kindes betrauern müssen, ist die Kommunikation in der Familie mit allen Familienmitgliedern sehr wichtig, trotz all der Trauer und des Schmerzes.

7 „Plötzlich ist alles anders!" ~ Familienleben neu

Familie im Wandel

Was bedeutet die Geburt bzw. Diagnose „Kind mit besonderen Bedürfnissen" nun für Ihre Familie? Durch die Besonderheit Ihres Kindes sind Sie, ob Mutter oder Vater, als die wichtigsten Bezugspersonen des Kindes in Ihrer gesamten Lebenssituation sehr betroffen. Die üblicherweise lebenslang erforderliche Fürsorge des besonderen Kindes bedeutet für Sie eine permanente Elternschaft.

Die Probleme der heutigen Familie infolge der Doppelbelastung erwerbstätiger Mütter, infolge der Veränderung der traditionellen Geschlechterrollen sowie infolge des allseitigen hohen Leistungsdrucks in modernen Industriegesellschaften und der Überforderung einiger Eltern mit der Erziehung ihrer Kinder allgemein werden bei zusätzlichen Herausforderungen und Belastungen verstärkt.[39]

Eltern von Kindern mit besonderen Bedürfnissen sind mit vielfältigen Anforderungen konfrontiert. Wenngleich die Bewältigung des Alltags die Regel und nicht die Ausnahme ist, so sind doch zahlreiche Belastungsfaktoren, auch als Stressoren bezeichnet, bekannt[40, 41]:
- Auf der individuellen Ebene:
  * Sorge um die Zukunft des Kindes
  * Nachdenken über die Beeinträchtigung (z.B. Ambivalenz von Akzeptanz und Ablehnung, Sinnfragen, Schuldfragen)
  * Zweifel an den eigenen Kompetenzen
  * Vernachlässigung eigener Bedürfnisse und Interessen

- Auf der Ebene der Eltern-Kind-Beziehung:
  * Beziehungsaufbau und –pflege unter erschwerten Bedingungen (z.B. fehlende Sprache)
  * besonderer Betreuungs-, Pflegebedarf des Kindes
  * Umgang mit Verhaltensbesonderheiten des Kindes (z.b. Unruhe, Schlafstörungen, Ängstlichkeit)
- Auf der Ebene der familiären Alltags- und Beziehungsgestaltung:
  * genereller Tagesablauf
  * hohe Anforderungen an das Zeitmanagement
  * reduzierte Freiräume
  * hohe Anforderung hinsichtlich der Kommunikation und Interaktion in der Familie
- Auf der Ebene außerfamiliärer Kontakte:
  * Konfrontation mit öffentlichen Reaktionen auf die Besonderheiten des Kindes
  * eventuelle Abnahme sozialer Kontakte
  * Zugang zu benötigten institutionellen Hilfeangeboten
  * Kontakt zu Fachleuten (nicht) zufriedenstellend

Diese Faktoren im Einzelfall genau zu betrachten ist von großer Bedeutung, um herauszufinden, welche Hilfesysteme angemessen für die einzelne Familie sind.

Familie, bestehend aus mindestens Mutter, Vater, Kind(er), ist im Wandel begriffen. Neben dieser traditionellen Familienform existieren inzwischen viele andere, wie zum Beispiel sogenannte Patchwork-Familien, alleinstehende Mütter oder Väter mit Kind(ern).

50

Die traditionelle Kernfamilie zeichnet sich durch besondere Funktionen aus: Intimgruppencharakter mit Kooperations- und Solidaritätsverhältnissen, Rollendefinitionen für die einzelnen Mitglieder, Generationendifferenzierung, d.h. eine Familie umfasst mindestens zwei Generationen sowie Sozialisationsfunktion.[42]

Das gemeinsame Schicksal, ein besonderes Kind zu haben, macht die Familien von Kindern mit besonderen Bedürfnissen noch nicht zu einer homogenen Gruppe. Es gibt nicht *die* Familie mit einem besonderen Kind. Die Herausforderung, ein Kind mit besonderen Bedürfnissen zu haben, stellt alle Familien vor besondere Aufgaben. Schon im traditionellen Familienmodell ist die Organisation des Familienalltags ein hoher logistischer Abstimmungsaufwand. Klar ist jedoch, dass sich der Alltag für diesen Personenkreis nochmals schwieriger gestaltet. Auf die eventuelle besondere Problematik von Familien mit Migrationshintergrund wird in diesem Zusammenhang nicht näher eingegangen.

Mit der Diagnose „Kind mit besonderen Bedürfnissen" sind sowohl innerhalb der Familie als auch außerhalb der Familie Veränderungen verbunden. Während innerhalb der Familie in der Regel eine Neudefinition der Rollen und Anpassungsprobleme infolge der Veränderungen erfolgen, gibt es hinsichtlich der Beziehungen außerhalb der Familie, also im Freundes- und Bekanntenkreis, widersprüchliche Aussagen. Während sich einige Familien mit einem besonderen Kind innerfamiliär zurückziehen, findet bei anderen eine kritische Überprüfung von Freunden und Bekannten in Zusammenhang mit ihrer Reaktion auf das beeinträchtigte Kind statt.[43] Familien mit einem besonderen Kind müssen sich erhöhten Anforderungen stellen, sie sind aber grundsätzlich nicht in ihrer Leistungsfähigkeit gefährdet. Darauf verweisen Mütter und Väter in Erfahrungsberichten, die gezeigt haben, dass unter bestimmten Voraussetzungen ein für alle Familienmitglieder befriedigendes Alltagsleben mit einem Kind mit besonderen Bedürfnissen möglich ist.[44]

Die besondere Lebenssituation mit einem besonderen Kind verlangt Einschränkungen in den eigenen Lebensmöglichkeiten von Müttern und Vätern. Andererseits bietet sie, bei gelungener Verarbeitung, auch die Chance zur Persönlichkeitsentwicklung.

Die Rolle der Mutter

Die gesellschaftlichen Erwartungen an Mütter sind allgemein hoch. Eine Idealisierung der Mutterrolle hat sich auch in der modernen Gesellschaft erhalten. Zusätzlich wird erwartet bzw. gewünscht, dass die Mutter sich an produktiven Leistungen der Gesellschaft beteiligt. Das Bild der selbstlosen Mutter die für das Wohl ihres Kindes alles auf sich nimmt, erhält im Zusammenhang mit einem Kind mit besonderen Bedürfnissen spezielle Bedeutung.[45]

Für die Mutter bedeutet ein Kind mit besonderen Bedürfnissen eine erhöhte zeitliche, physische und psychische Belastung. Tägliche Pflege und Versorgung, Arztbesuche und Therapietermine sind mit erhöhtem zeitlichem Aufwand verbunden. Die größte Belastung ist jedoch psychischer Art. Nach *Jonas*[46] stellt die Geburt eines Kindes mit besonderen Bedürfnissen für die meisten Mütter einen traumatischen Einschnitt in ihr Leben dar, der ein lang dauerndes Verlusterleben zur Folge haben kann. Für eine Mutter wird das Kind als ihr „Produkt" gesehen und mit ihrer Identität verknüpft. Üblicherweise erfolgt der Identitätswechsel von der Frau zur Mutter mit der Geburt eines Kindes. Im Falle der Geburt eines Kindes mit besonderen Bedürfnissen tritt statt des erwarteten Prestigezuwachses, durch den Identitätswechsel von der Frau zur Mutter, nun die Kränkung, ein besonderes Kind geboren zu haben. Die Vorstellung einer lebenslangen Kindheit ihres beeinträchtigten Kindes konfrontiert sie mit der Zukunftsaussicht einer „lebenslangen Mutterschaft", was Angst auslöst. Zusätzlich erfährt die Mutter in einem Bereich, der normalerweise ihrer alleinigen, bzw. mit dem Vater geteilten, Zuständigkeit untersteht, eine Fremdbestimmung durch medizinische, therapeutische, eventuell psychologische und weitere unterstützende Fachleute.[47, 48, 49] Dies bedeutet auch mehr bzw. ständige Kontrolle. Somit ist der Gestaltungsspielraum einer Mutter mit einem besonderen Kind eingeschränkt. Die oft gegebene Hilfebedürftigkeit des besonderen Kindes bringt eine lebenslange Verpflichtung auch im zunehmenden Alter des Kindes mit sich. Neben dem physischen Kraftaufwand und der psychischen Belastung steht aber auch die Möglichkeit, dass Sie als Mutter ein besonders hohes Selbstbewusstsein im Sinne einer kompetenten Mutter erhalten. Aufgrund der besonderen Anforderung entwickeln Mütter besonderer Kinder oft auch einen Kompetenzzuwachs, was den konstruktiven Umgang mit Problemen betrifft. Manchmal führt gerade die Mutterschaft eines besonderen Kindes zu mehr Anerkennung im sozialen Umfeld, woraus wiederum auch eine Bestätigung und Stärkung der psychischen Stabilität für die Mutter resultieren kann. In der Folge stellt sich eine größere Zufriedenheit mit der Mutterrolle ein.

Die Rolle des Vaters
Die Veränderungen in den letzten Jahrzehnten hinsichtlich Familienstrukturen, die Rollen der Geschlechter sowie gesellschaftlich gesamt, haben auch innerhalb der Familie zu neuen Formen des Zusammenlebens geführt.

Sowohl die Rolle der Frau bzw. Mutter und des Mannes bzw. Vaters sind einem Wandel ausgesetzt. Die gesellschaftlich lange verankerte Sichtweise von der Mutter als primäre Bezugsperson für das Kind hat sich inzwischen gewandelt. Heute befinden wir uns in der Ära einer „neuen Väterlichkeit", in der auch Väter vielfältige Aufgaben im Familienalltag erfüllen.

Zu den vorgefundenen Reaktionen von Vätern auf die Geburt eines Kindes mit besonderen Bedürfnissen zählen die Gefühle massiver Enttäuschung hinsichtlich der Ausübung der Vaterrolle im traditionellen Sinne aufgrund der Perspektivenlosigkeit einer Lebensplanung für ein besonderes Kind, Gefühle von Vernachlässigung und Eifersucht bezogen auf die verstärkte, möglicherweise übertriebene, Zuwendung der Frau zum Kind mit besonderen Bedürfnissen und Gefühle des Nichtgebraucht-Werdens.

Das Erleben von Vätern eines Kindes mit besonderen Bedürfnissen kann stark von Angst und Unsicherheit bestimmt sein. Auf die Geburt bzw. die Diagnose reagieren sie mit Aggression, Wut, Trauer. Sie fühlen Hilflosigkeit und wollen alles nicht wahrhaben. Die tiefe seelische Erschütterung prägt die individuell persönliche Gefühlswelt des Vaters. Sie beeinträchtigen sein Selbstverständnis, seine männliche Identität, das eigene „Ich" fühlt sich bedroht. Seine Lebenseinstellungen verändern sich und immer wieder stellt sich die Frage nach dem Sinn des Lebens.

Kallenbach[50, 51], selbst Vater eines Kindes mit besonderen Bedürfnissen, zeigte auf, dass Väter sich gerne mit ihrem besonderen Kind beschäftigen. Er führt weiter an, dass die Auseinandersetzung von Vätern mit der Besonderheit ihres Kindes erschwert ist. Zu solchen

Erschwernissen zählt er unter anderem die seltenere Konfrontation der Väter aufgrund ihrer Berufstätigkeit und damit erschwerte Auseinandersetzung mit der Problematik. Die Vereinbarkeit von Familie und Beruf stellt für viele Väter ein Problem dar. Durch ihre berufliche Tätigkeit und ihre damit verbundene tägliche Abwesenheit von zu Hause sind ihrer Mitarbeit in der Familie Grenzen gesetzt. Väter können deshalb die Mütter in der Betreuung ihres besonderen Kindes nur zu bestimmten, begrenzten Zeiten entlasten. Väter besonderer Kinder lassen sich stärker als Väter gesunder Kinder in familiäre Verpflichtungen einbeziehen. Sie beteiligen sich in der Betreuung und Pflege des Kindes und sind für ihre Kinder ein attraktiver Spielpartner. Im Spiel kommen die Väter ihrem Kind emotional näher, wenn sie versuchen es aufzuheitern, es loben anstatt schimpfen, sich mit ihm freuen, es trösten und in den Arm nehmen. Das gemeinsame Spiel bzw. die gemeinsamen Freizeitaktivitäten stärken die emotionale Beziehung zwischen Vater und Kind.

In Fällen, wo Väter eher aus der Beziehung mit ihrem besonderen Kind bzw. der Familie flüchten, kann in der Folge die Entwicklung eines Problembewusstseins verhindert bzw. reduziert sein.

Schwierigkeiten scheinen sich auch aufgrund des geschlechtsspezifischen Verhaltens und der Rolle innerhalb der Familie zu ergeben. Mit dem geschlechtsspezifischen Verhalten ist die männliche Sachlichkeit, d.h. Väter neigen eher zu rationaler Verarbeitung der Besonderheit ihres Kindes, und die Selbstkontrolle, d.h. die emotionale Kontrolliertheit verhindert eine emotionale Bewältigung, gemeint. Die Rolle innerhalb der Familie zielt auf die teilweise doch auch noch tatsächlich vorzufindende Familientradition, die den Vater als

Berufstätigen und Familienernährer sieht, ab. Väter fühlen sich sowohl an die Frau als auch an die Familie insgesamt im Sinne eines Verpflichtungsgefühls sehr gebunden. Durch die häufig vorkommenden traditionellen Familienstrukturen, ist der Vater allein und langfristig für die wirtschaftliche Sicherung der Familie verantwortlich. Die öffentliche Demonstration stellt zudem eine große psychosoziale Belastung dar.[52, 53]

Im Unterschied zu Müttern, die häufig sehr stark auf das Kind mit besonderen Bedürfnissen fixiert bleiben[54], sind Väter auch darum bemüht zwischendurch abzuschalten. Aus Befragungen von *Kallenbach*[51] geht hervor, dass Väter neben ihren innerfamiliären und beruflichen Verpflichtungen noch Zeit für außerfamiliäre Kontakte finden. Dies allein ist nicht erstaunlich und vor allem auch sehr wichtig. Interessant ist viel mehr, dass die Väter von Kindern mit besonderen Bedürfnissen verglichen mit jenen gesunder Kinder wesentlich mehr Kontakte zu einem insgesamt großen Verwandten-, Bekannten- und Freundeskreis halten. Diese Kontakte reichen von Persönliches besprechen, knappe Freizeit verbringen und Beziehungen pflegen. Die außerfamiliären Kontakte und die regelmäßige berufsbedingte Trennung führen zu einer zeitweisen gewissen äußeren und inneren Distanz von den Anforderungen des Familienalltags. Auf diese Art reduzieren sie ihre subjektiv empfundene Belastung und schätzen ihre persönliche Lebenszufriedenheit insgesamt positiv ein.

Die Auseinandersetzung mit der Besonderheit ihres Kindes bleibt für alle Väter ein lebenslanger Prozess. Wie für die Mütter gilt auch für Väter, dass die oft gegebene Hilfebedürftigkeit des besonderen Kindes eine lebenslange Verpflichtung auch im zunehmenden Alter des Kindes mit sich bringt.

Noch einmal soll betont werden, dass vielen betroffenen Väter, die in den ersten Wochen und Monaten nach der Diagnose der besonderen Bedürfnisse ihres Kindes einen anfänglichen Schock durchlebt haben, der Familienalltag geglückt ist. Viele Väter von Kindern mit besonderen Bedürfnissen haben bewiesen, dass die Veränderungen aktiv angegangen und die Besonderheit ihres Kindes durch ihr individuelles Bewältigungsverhalten positiv verarbeitet werden können. *Kallenbach* schreibt von der „neuen Väterlichkeit" und stellt fest, dass eine gelebte Vaterschaft als Bereicherung des Lebens mit eigener Qualität und Sinngebung, Vorbildfunktion und Wirkung in Bezug auf eine neue Väterlichkeit bedeuten kann.

8 „Ich bin anders und ich bin ok!" ~ Mein besonderes Kind

Ihr Kind mit besonderen Bedürfnissen kann in Ihrer Familie je nach Familienstruktur und Anpassungsvermögen der Eltern unterschiedliche Rollen haben.

In Anlehnung an *Richter*[55, 56] lassen sich drei Möglichkeiten beschreiben:

- das besondere Kind als Sorgenkind der Familie:
  das besondere Kind steht im Mittelpunkt, sehr starke (übertriebene) emotionale Bindung der Eltern;
- das besondere Kind als Partnersubstitut:
  übermäßige emotionale Bindung eines Elternteils, in der Folge geschieht ein emotionaler (Teil-)Ausschluss des Partners;
- das besondere Kind als Sündenbock:
  schuldzuweisende, ablehnende Haltung der Eltern, in der Folge Isolierung des Kindes mit besonderen Bedürfnissen im Familiensystem

Bedeutung für	Sorgenkind	Partnersubstitut	Sündenbock
Kind mit besonderen Bedürfnissen	Integration in ein soziales System außerfamiliär wird erschwert, Familie als Schonraum	Überforderung, emotionale Ambivalenz zwischen Mutter und Vater	emotionale Isolierung, Vernachlässigung
Familie/ Vater/ Mutter	enge familiäre Bindungen infolge der gemeinsamen Verantwortung	Beziehung zu gesunden Kindern oder (wenn kein weiteres Kind da ist) kein emotionaler Bezug	Zusammenhalt gesunder Familienmitglieder, Aggressions-Abbau über das beeinträchtigte Kind
Geschwister	Einengung, gehemmte Entwicklung eigener Interessen, Überforderung durch die Verantwortung	häufig Vernachlässigung	Ungleichgewicht zwischen Zuwendung der Eltern und sozialer Verantwortung im Umgang mit Geschwister

Abb. 21: Das besondere Kind
Quelle: Eigener Entwurf nach Hensle/Vernooj 2000, S. 280ff.

9 „Warum bist du anders?" ~ Geschwister

Neben Ihrem Kind mit besonderen Bedürfnissen gibt es in Ihrer Familie vielleicht noch weitere Geschwister. In diesem Fall sind die folgenden Ausführungen für Sie sehr wichtig.

Geschwister von Kindern mit besonderen Bedürfnissen sind in ihrem Alltag besonders herausgefordert. Die oftmals sehr schwierige Situation innerhalb der Familien birgt Risiken für das gesunde Kind, aber auch Chancen. Beziehungen unter Geschwistern sind die dauerhaftesten Bindungen überhaupt. In gewisser Weise und in verschiedenen Phasen des Lebens sind Geschwisterbeziehungen manchmal auch schwierig. Wo Nähe, Vertrauen und Beziehung ist, gibt es oftmals auch Rivalität und Eifersucht. Während es für die später Geborenen eher ein Privileg ist, mit Geschwistern aufzuwachsen und sie als Vorbilder zu haben, die sie prägen, empfinden Erstgeborene die kleinen Geschwister vielfach als Eindringlinge, als störend und als Konkurrenz um die Zuneigung und die Gunst der Eltern.

Ältere Geschwister werden von ihren Eltern oft dazu angehalten, für die jüngeren Geschwister ein Vorbild zu sein. „Du bist älter, sei vernünftig." „Mach deiner Schwester nicht solchen Unsinn vor.", heißt es beispielsweise. Aber auch ohne diese Belehrungen übernehmen ältere Geschwister von sich aus häufig Verantwortung für die Jüngeren und innerhalb der Familie. Gleichzeitig fühlen sich einige nach der Geburt eines jüngeren Geschwisterkindes an den Rand der Familiengemeinschaft gedrängt.

Ähnliche Vorgänge spielen sich bei gesunden Geschwistern eines Kindes mit besonderen Bedürfnissen ab. Vom gesunden Geschwisterteil wird Rücksichtnahme, Vernunft und Selbstständigkeit erwartet. Es soll das besondere Kind unterstützen und begleiten. Verschiedene Studien, zum Beispiel jene von *Hackenberg*, haben aufgezeigt, dass Geschwister von Kindern mit besonderen Bedürfnissen zu sozial besonders kompetenten, lebenspraktischen, selbstbewussten Menschen heranwachsen können. Gleichzeitig sind sie jedoch auch gefährdet, sich schuldbeladen und zu kurz gekommen zu fühlen oder weniger soziale Kontakte zu haben.

Untersuchungsergebnisse sprechen für sowohl positive als auch negative Auswirkungen eines Kindes mit besonderen Bedürfnissen auf die Rolle der gesunden Geschwister. So zielen beispielsweise Untersuchungen von *Hackenberg* und *Seifert*[57] auf Einflussfaktoren bzw. Zusammenhänge nach dem Grad der Beeinträchtigung, der eigenen Stellung in der Geschwisterreihe, dem Erziehungsverhalten der Eltern, der Kinderanzahl, das Alter der Kinder ab. Zusammenfassend können folgende mögliche Auswirkungen bei Geschwistern von Kindern mit besonderen Bedürfnissen beschrieben werden.

Die stärkere Belastung der Eltern kann Auswirkung auf deren Umgang mit den gesunden Kindern haben, z.B. in Form von Ungeduld, Überforderung, Nervosität.

Im Falle überhöhter Erwartungen seitens der Eltern an das gesunde Geschwisterkind kann es zu massivem Leistungsdruck und Überforderung kommen. Sie gewinnen den Eindruck, die Defizite des Kindes mit besonderen Bedürfnissen kompensieren zu müssen. Bei Übernahme elterlicher Pflichten und Verantwortung für das besondere Geschwisterkind entsteht eine permanente Überlastungssituation.

Die Rücksichtnahme auf das besondere Geschwisterkind und auf die Situation der Familie kann zu Unterdrückung eigener Bedürfnisse beim gesunden Kind führen.

Die Stigmatisierung des Kindes mit besonderen Bedürfnissen im sozialen Umfeld betrifft die Geschwister mitunter in Form von Hänseleien und bzw. oder Ablehnung.

Gesunde Geschwister können Ängste entwickeln, selbst ein Kind mit besonderen Bedürfnissen zu werden oder Nachkommen mit Besonderheiten zu bekommen.

Diesen möglichen negativen Auswirkungen stehen auch sehr positive Erfahrungen gegenüber.

Ein Kind mit besonderen Bedürfnissen in der Familie trägt zur Förderung eines positiven sozialen Verhaltens und eines Verantwortungsbewusstseins bei. Es führt zu Toleranz gegenüber Menschen mit Abweichung vom „Normalbild" und zu Offenheit.

Die Persönlichkeitsentwicklung von Geschwistern besonderer Kinder wird positiv beeinflusst bezogen auf Selbstkritik, Konfliktverhalten und Frustrationstoleranz. Kinder erleben in einer Familie mit einem besonderen Kind mitunter ein intensiveres Familienleben mit mehr Emotionalität.

Zusammengefasst muss festgehalten werden, dass diese Auswirkungen möglich, aber nicht zwangsläufig und individuell verschieden sind. Die spezifische Familiensituation, das Verhalten der Eltern, die sozio-kulturellen Bedingungen spielen eine bedeutende Rolle.[58, 59]

Achilles[60], selbst Mutter eines Sohnes mit geistiger Beeinträchtigung und zweier Töchter, schreibt, dass es auch Mischformen gibt. Die Geschwister von Kindern mit besonderen Bedürfnissen entwickeln ganz unterschiedliche Strategien, um mit der Familiensituation zurecht zu kommen. Dazu gehören die Loyalität, Distanzierung, das soziale Engagement, die Idealisierung sowie Überangepasstheit.

Loyalität: Das gesunde Kind kümmert sich umsichtig um sein besonderes Geschwisterkind, fühlt sich ihm sehr verbunden, ergreift seine Partei und verteidigt es.

Distanzierung: Das Kind empfindet den Alltag mit dem besonderen Geschwisterkind so anstrengend und belastend, dass es sich von ihm abwendet.

Soziales Engagement: Findet das Kind in seiner Hinwendung zum besonderen Geschwisterkind Lob und Anerkennung, entwickelt es Hilfsbereitschaft und Verständnis für Schwächere. Als Erwachsene ergreifen diese Kinder häufig soziale Berufe.

Idealisierung: Das Kind kann die Situation am besten ertragen, wenn es das besondere Geschwisterkind als "jenseits von Gut und Böse" anschaut. Eventuelle Kränkungen und Zurücksetzungen sind so besser zu verkraften. Allerdings kann diese Haltung auch zur Selbstüberforderung und zu Schuldgefühlen führen, weil das Kind negative Gedanken nicht zulassen kann.

Überangepasstheit: Das Kind erlebt die Familiensituation als so belastend, dass es von sich selbst möglichst wenig Aufhebens macht. Es ist folgsam und fürsorglich. Dies kann zu geringem Selbstwertgefühl und zu psychischen Problemen führen.

Welchen Weg die Entwicklung der Kinder nimmt, hängt von verschiedenen Faktoren ab. Zu den Einflussfaktoren auf die kindliche Entwicklung zählen nach heutiger Erkenntnis die angeborenen Persönlichkeitsmerkmale, der Erziehungsstil der Eltern und die Beziehung der Geschwister untereinander. Zu den wichtigsten gehören die Persönlichkeit der Eltern und ihre Beziehung zueinander, die Konstellation der Geschwister, die Schwere der Beeinträchtigung sowie die soziale Situation der Familie.[60]

Je positiver die Eltern mit der Besonderheit ihres Kindes umgehen, umso unbelasteter sind in der Regel die Geschwister. Vermitteln Mutter und Vater aber das Bild einer schwer belasteten und vom Schicksal getroffenen Familie, besteht ein höheres Risiko, dass auch die gesunden Kinder so denken. Daher ist es so wichtig, dass die Eltern ihren Kindern vermitteln „wir schaffen das".

Das heißt nicht, dass Eltern nicht einmal ausdrücken dürfen ihre Situation als schwierig zu erleben, aber vor den heranwachsenden Kindern ist es wichtig Mut zu machen und mit positivem Beispiel voran zu gehen. Die Einstellung der Eltern zur schwierigen Situation beeinflusst das Verhalten der Kinder allgemein.

Nach heutigem Wissensstand lässt sich kein generell erhöhtes Risiko für Entwicklungsstörungen bei gesunden Geschwistern von Kindern mit besonderen Bedürfnissen feststellen. Wichtig ist, Überforderungssituationen zu vermeiden bzw. zu entschärfen wenn sie auftreten und erkannt werden.

Welche Rolle spielt nun die Geschwisterkonstellation? Zur Geschwisterkonstellation gehören das Geschlecht und der Altersabstand der Geschwister. Die Geschwisterforschung zeigt, dass die Rivalität zwischen gleichgeschlechtlichen Geschwistern meist größer ist als zwischen unterschiedlich geschlechtlichen. Das bedeutet, es kann sein, dass gleichgeschlechtliche Kinder häufiger streiten und mehr miteinander rivalisieren als unterschiedlich geschlechtliche Kinder. Allgemein gilt heute aber, dass zwar Unterschiede zwischen Erstgeborenen und Nachfolgekindern bestehen, da beide häufig charakteristische Funktionen innerhalb der Familie haben. Die Reihenfolge der dazwischen liegenden Kinder spielt aber aus heutiger Sicht eine untergeordnete Rolle.

Ferner heißt es auch, dass ein Kind mit besonderen Bedürfnissen mehr Verständnis und Zuneigung von einem anders geschlechtlichen Geschwister bekommt, wobei Ausnahmen auch möglich sind und vorkommen. Keine klare Aussage lässt sich betreffend dem Altersabstand zwischen den Geschwistern machen.

Die Schwere der Beeinträchtigung scheint weniger Auswirkung zu haben auf das Verhalten von gesunden Kindern ihrem besonderen Geschwisterkind gegenüber als die positive oder negative Einstellung dazu.

Betreffend die soziale Situation der Familie stellt ein höheres Einkommen eine Entlastung dar, da mehr Unterstützung von außen möglich ist. In weniger begüterten Familien ist die Inanspruchnahme von familienunterstützenden Diensten nur in begrenztem Umfang möglich.

In größeren Familien sind die Geschwister meist weniger belastet, weil sich die täglichen Aufgaben auf mehr Menschen verteilen. Die Mithilfe von Angehörigen der Familie kann einerseits zu mehr Auseinandersetzungen, andererseits zu mehr Zusammengehörigkeitsgefühl führen.

Chancen für die gesunden Geschwister

Natürlich reagiert jedes Kind anders auf die besondere Situation und verarbeitet sie unterschiedlich. Sehr viel hängt von einem positiven Familienklima ab. So sehr Eltern von Kindern mit besonderen Bedürfnissen auch immer wieder mit neuen und alten Sorgen zu kämpfen haben, werden die gesunden Geschwisterkinder nicht überfordert, können sie vom Aufwachsen mit einem besonderen Geschwisterkind auch profitieren. Sie zeigen eine größere Sicherheit im Umgang mit dem Thema Beeinträchtigung und eine positive und offene Haltung beeinträchtigten und schwächeren Menschen gegenüber. Dies steigert ihr Selbstvertrauen und sie sind leichter fähig zu Selbstkritik. Kinder mit einem besonderen Geschwisterkind fallen auch durch ihre frühe persönliche Reife auf, durch ein höheres Verantwortungsbewusstsein als Gleichaltrige und sie weisen mitunter ein gutes Konfliktverhalten und eine höhere Frustrationstoleranz auf.

10 „Wie sollen wir reagieren?" ~ Angehörige, Freunde, Bekannte

Ihre Angehörigen, Freunde, Nachbarn, Arbeitskollegen, Bekannte sind vielleicht am Anfang ebenso überfordert mit der Nachricht wie Sie. Möglicherweise wissen auch sie nicht recht, wie sie nun reagieren sollen. Üblicherweise gratuliert man zur Geburt eines Kindes, darf man das denn bei der Geburt eines Kindes mit besonderen Bedürfnissen auch? Soll man die Eltern auf die Besonderheit Ihres Kindes ansprechen oder so tun als sei alles ganz in Ordnung? Aus Sicht von Ihnen als Eltern stellt sich hingegen die Frage, wie sage ich es meinen Angehörigen und Freunden?

Manche Eltern, aber erfreulicherweise nicht viele, berichten vom Rückzug von Freunden, Bekannten oder auch nahen Familienangehörigen. Der Grund für diesen Rückzug ist die eigene Unsicherheit und Hilflosigkeit derselben. Auch ihnen fehlt bis zu diesem Zeitpunkt meistens die Erfahrung mit dem Thema Kind mit besonderen Bedürfnissen. Vielleicht haben Sie das Glück Menschen in Ihrem Freundes- und Bekanntenkreis zu haben, die Ihnen sagen, dass sich nichts an ihrer Freundschaft deshalb ändert, oder, sie benennen ihre eigene Unsicherheit. Möglicherweise haben Sie auch in Ihrem Freundes- und Bekanntenkreis jemanden, der selbst ein Kind mit besonderen Bedürfnissen hat. Dann kann der Austausch mit diesem Menschen eine große Unterstützung für Sie sein. Auch für die weiteren Familienangehörigen ist es nicht einfach, sich auf die neue Situation einzustellen. Auch sie hatten gewisse Erwartungen über den Familienzuwachs.

Großeltern

„Für Großeltern ist es oft sehr schwer, wenn sie ein Enkelkind mit besonderen Bedürfnissen bekommen, weil sie für ihr erwachsenes Kind und für ihr Enkelkind leiden. Sie empfinden einen tiefen Verlust darüber, dass ihr Enkelkind nicht „normal" ist. Auch ihr Traum ist zerbrochen." Becky Pruitt, Sozialarbeiterin am Lutheran General Hospital in Park Ridge, Illinois.[61]

Wie für Eltern ist auch für Großeltern die Nachricht zunächst eine unglückliche Botschaft. Die erste Reaktion fällt sehr vielfältig aus und sagt nichts über den weiteren Umgang mit dem Kind mit besonderen Bedürfnissen aus. Manche Großeltern zeigen ihre Gefühle offen, sprechen über ihre Gefühle und Gedanken, andere ziehen sich zurück. Zu groß sind der Schmerz und die Sorge von Großeltern. Sie leiden in gewisser Weise sogar doppelt. Auch ihr Traum eines „normalen" Enkelkindes ist zerbrochen. Zudem leiden sie mit ihren erwachsenen Kindern mit. Auch sie stellen sich vielleicht die Frage, wie das passieren konnte, vor allem dann, wenn in der Familie noch nie ein Kind mit besonderen Bedürfnissen geboren wurde. Sie haben sich für ihr erwachsenes Kind ein schönes Familienleben erträumt und sind auch in Sorge, wie ihr erwachsenes Kind dies schaffen wird und wie sich das Leben des Enkelkindes bzw. der Geschwister nun entwickeln wird.

In Familien, in denen es bereits in früheren Generationen Kinder mit besonderen Bedürfnissen gegeben hat, kommt es leider manchmal zu Schuldzuweisungen. Schuldzuweisungen sind aber keine Lösung. Sie führen zu Verletzungen, in einer ohnehin schon besonders schwierigen, emotional belastenden Zeit. Niemand hat sich diese Tatsache freiwillig ausgesucht. Um diese Situation zu entschärfen, sollten Eltern den Großeltern durchaus bestimmt sagen, dass sie keine Schuldzuweisungen dulden.

Freunde

Der Rückzug von Freunden bedeutet für Eltern von Kindern mit besonderen Bedürfnissen oft eine zusätzliche Enttäuschung. Häufig ist es die Hilflosigkeit, die zu diesem Rückzug führt. Manchmal sind Freunde einfach auch erleichtert, dass sie selbst nicht betroffen sind und stehen deshalb im Zwiespalt zwischen Anteilnahme und Erleichterung. In dieser Situation wissen dann manche leider nicht sich angemessen zu verhalten. Betroffene Eltern haben aber in der für sie ohnehin schon schwierigen Situation nicht auch noch die Kraft sich damit auseinanderzusetzen. Doch es gibt zum Glück auch die anderen Freunde und Bekannte. Jene, die als enge Bezugsperson in dieser schwierigen Zeit zur Verfügung stehen, Trost spenden und Zeit finden.

Die Geburt eines Kindes mit besonderen Bedürfnissen kann aber auch einen Freundes- und Bekanntenkreis wachsen lassen. Menschen, die eine gleiche oder ähnliche Geschichte haben, finden sich. Menschen, die auch ein Kind mit besonderen Bedürfnissen haben, werden plötzlich wahrgenommen und es kann zum Austausch kommen. Man teilt Gemeinsamkeiten und Erfahrungen und entwickelt ein gegenseitiges Verständnis für eine ungewöhnliche Lebenssituation. Dasselbe Schicksal und dieselben Ängste wirken verbindend.

11 „Behindert sein, behindert werden?" ~ Gesellschaft

In Momenten, in denen Sie als Eltern mit verletzenden Äußerungen über Menschen mit besonderen Bedürfnissen vielleicht konfrontiert werden, wird jedes Mal die Ausgrenzung bewusst gemacht. Die besondere Situation wird im Laufe der Zeit für die Eltern, und auch für gesunde Geschwister, aber normal.

Die gesellschaftliche Beurteilung von Menschen mit besonderen Bedürfnissen unterliegt einem historischen Wandel. Mit der Kritik an der Defizitorientierung kam es zur Entwicklung eines sogenannten Kompetenzmodells. Dieses richtet sich gegen eine einseitige Orientierung am „Unvermögen". Integrationsbewegungen und Gleichstellungsgesetzgebung haben in den letzten Jahrzehnten Veränderungen bewirkt. Dennoch tragen bis heute Menschen mit besonderen Bedürfnissen hohe Exklusionsrisiken in der Gesellschaft. Diese bestehen beispielsweise in einer mangelhaften bis erfolglosen Inklusion im Bildungssystem, verbunden mit Chancenminderung in der Arbeitswelt.

In vielen Bereichen des gegenwärtigen Gesellschaftssystems sind Ambivalenzen zu beobachten. Einerseits gibt es Teilhabe- und Unterstützungsangebote, andererseits existiert ein weit verbreitetes leistungsorientiertes Gesellschaftsbild, das wenig Akzeptanz für Menschen mit besonderen Bedürfnissen vermittelt. Dies verstärkt die Unsicherheit der Eltern in dieser Situation.

Mögliche Formen der sozialen Reaktionen auf Menschen mit besonderen Bedürfnissen innerhalb der Gesellschaft beschreibt *Cloerkes*[62]. Unterschiedliche Reaktionen auf Menschen mit besonderen Bedürfnissen sind möglich. Die Tatsache einer „Behinderung", verbunden mit der Sozialisation, die Menschen mit besonderen Bedürfnissen als abweichend von gesellschaftlichen Standards definiert, führt frühzeitig zur Etablierung originärer, d.h. ursprünglicher, spontaner, Reaktionen. Dies betrifft Werte in einer Kultur, welche schon sehr früh verinnerlicht werden. Kleine Kinder bis zum Alter von etwa drei Jahren reagieren noch unbefangen auf fremdartige Wahrnehmungen. Danach wird die Tatsache, dass ein sichtbar besonderer Mensch von der Norm abweicht, bereits sehr genau wahrgenommen. Besonders bei kleinen Kindern überwiegt das Element der Neugierde. Dieses Verhalten der Kinder führt nicht zu einer unmittelbaren Ablehnung des besonderen Menschen. Hingegen die Aggressivität, auf der Grundlage unspezifischer Angst, stellt einen Abwehrmechanismus dar. Die Reaktion ist ablehnend und führt zu Schuldgefühlen. Diesen originären Reaktionen stehen offiziell erwünschte Reaktionen, die in der frühkindlichen Sozialisation erworbenen wurden, entgegen. Gesellschaftliche Normen geben vor, dass Schuldzuschreibungen und Ausgrenzung bei Menschen mit besonderen Bedürfnissen nicht zulässig sind. Der Konflikt zwischen der einmal angelegten affektiven Ablehnung und dem gesellschaftlichen Verbot dieser Ablehnung muss verarbeitet werden. Der Widerspruch führt zu überformten Reaktionen. Mitleid ist ein gesellschaftlich hoch bewerteter Ausweg aus Schuldgefühlen und Ängsten. Mitleid ist eine sozial anerkannte Form überführter Aggression. Es schafft Distanz. Die überformten Reaktionsweisen sind Ausdruck der widersprüchlichen Normen und der Ambivalenz zwischen Abwehr und sozial vorgeschriebener Akzeptanz von Menschen mit besonderen Bedürfnissen. Dies kann zu Scheinakzeptierung und Ablehnung führen.

Die Besonderheit des Kindes und die damit einherge-
henden Merkmale, z.B. im Verhalten oder im Aussehen,
fallen im Alltag den Eltern selbst nicht mehr auf. Erst
durch die Reaktionen von Außenstehenden kommt es zu
einer erneuten Aufmerksamkeit auf das Anderssein des
Kindes. Um sich, sein Kind und die Familie vor dem
unangemessenen Verhalten mancher Menschen besser
zu schützen, ist es zu empfehlen, in die Offensive zu
gehen. Sich in der Öffentlichkeit mit seinem Kind zu
zeigen und die Besonderheit in Gesprächen zu themati-
sieren sind wichtige Schritte.[63]

12 „Was wird jetzt mit uns?" ~ Paarbeziehung

Wird das Kind zwischen uns stehen? Werden wir uns gegenseitig Vorwürfe machen? Diese und ähnliche Fragen gehen Ihnen vielleicht durch den Kopf. Eventuell befürchten Sie, dass Ihre Paarbeziehung zerbricht. Schließlich haben Sie nicht erwartet, ein Kind mit besonderen Bedürfnissen zur Welt zu bringen. Doch dieses Kind verändert, ebenso wie jede Geburt eines Kindes, alle Aspekte Ihres Lebens. Entscheidend für den Fortgang Ihrer Beziehung ist vor allem, wie die Beziehung vor der Geburt des Kindes war.

Zum Thema Partnerschaft bei Eltern von Kindern mit besonderen Bedürfnissen lassen sich keine einheitlichen Aussagen treffen. Wie auch bei sonstigen Partnerschaften gibt es hohe Scheidungsraten genauso wie Partnerschaften die, möglicherweise gerade aufgrund der Besonderheit ihres Kindes, sich bestärken. Ein Kind mit besonderen Bedürfnissen kann eine stabilisierende Kraft für die partnerschaftliche Beziehung sein oder auch einen Partner emotional ausschließen. Darin unterscheiden sich die Beziehungen nicht von Familien mit gesunden Kindern.
Viele Paare trennen sich. Beispielsweise wird in Österreich circa jede zweite Ehe geschieden. Das Ende einer Ehe mit der Existenz eines Kindes mit besonderen Bedürfnissen zu erklären, wäre in vielen Fällen aber ungerechtfertigt. In den meisten Fällen wäre die Ehe vielleicht auch ohne ein Kind mit besonderen Bedürfnissen auseinandergegangen.
Ein Kind mit besonderen Bedürfnissen bringt zusätzliche Aufgaben und auch Schwierigkeiten mit sich, aber es kann auch den Zusammenhalt sehr fördern.

Zum Zeitpunkt der Diagnose ist es oft so, dass zuerst einmal jeder für sich selbst mit der neuen, unerwarteten Situation versucht zurechtzukommen. Jeder Mensch hat seine eigene Form zu trauern. Das ist auch wichtig zu akzeptieren. Diese Zeit ist meistens begleitet von tief empfundener Einsamkeit, von Schuldgefühlen und von der Angst, der neuen Herausforderung nicht gewachsen zu sein. Lassen Sie Ihrem Partner/Ihrer Partnerin die Zeit, die er braucht. Er/Sie wird es Ihnen später danken durch seine aktive Teilnahme am Familienleben.

Jeder Mensch hat verschiedene Rollen. Als Eltern ist man aber nicht nur Mutter bzw. Vater, sondern auch Freund/Freundin, Vertrauter/Vertraute, Geliebter/Geliebte des anderen. Ein Ehering allein ist keine Garantie für eine lebenslange Gemeinschaft. Sowohl in der Rolle der Mutter bzw. des Vaters als auch in der Rolle als Frau bzw. Mann muss man sich definieren und laufend aufs Neue behaupten, damit partnerschaftliche Beziehung gelingen kann.

13 „Was wir brauchen!" ~ Bedürfnisse der Familie

Ihre Elternschaft bedeutet allgemein eine große Herausforderung. Ob Sie nun Mutter oder Vater sind, es braucht immer etwas Zeit in die neue Rolle hineinzuwachsen. Nach dem Krankenhausaufenthalt beginnt zu Hause angekommen für Sie der Alltag. Dieser ist ungewohnt und muss sich erst einspielen. Manchmal ist bei Vätern eine gewisse Eifersucht zu bemerken, da die Mutter dem Neugeborenen die notwendige Fürsorge und Zuneigung geben will. Eine gute Zusammenarbeit sowie eine faire Aufgabenverteilung zwischen Mutter und Vater können den neuen Alltag erleichtern. Das Leben mit einem Kind mit besonderen Bedürfnissen fordert nun von den Eltern besonders viel. Neben der eigenen subjektiv empfundenen Belastung über die Diagnose gestaltet sich der Alltag häufig schwieriger. Der Alltag mit einem besonderen Kind, abhängig von der Art und dem Schweregrad der Beeinträchtigung, kann sehr anstrengend sein, sowohl körperlich als auch psychisch. Die Pflege und Betreuung eines Kindes mit besonderen Bedürfnissen bedeutet eine Dauerbelastung und einen Mehraufwand.[64]

Betrachtet man die Belastungen und besonderen Anforderungen im familiären Leben mit einem besonderen Kind lassen sich folgende Bedürfnisse einer Familie mit einem besonderen Kind feststellen[65]:
- Bedürfnisse auf der Ebene der Informationsgewinnung:
  * Informationen über die Besonderheit des Kindes
  * Informationen über Förder- und Unterstützungsangebote

- Bedürfnisse auf der Ebene der Beratung:
  * Informationsweitergabe
  * persönliche Kontakte zwischen Eltern und Fachleuten
  * erörtern offener Fragen (Orientierung am Einzelnen)
  * kooperative Entwicklung von Handlungs- oder Lösungsansätzen
- Bedürfnisse auf der Ebene der Entlastung:
  * Bereitstellung von Betreuungsangeboten für das Kind
  * Möglichkeit zeitlicher Freiräume für persönliche Aktivitäten
- Bedürfnisse auf der Ebene der Kommunikation:
  * Gestaltung sozialer Kontakte .

14 „Wir lieben dich, weil du unser Kind bist!" ~ Willkommen

Die erste Zeit nach der Diagnose erleben Sie wahrscheinlich ambivalente Gefühle. Sie halten ein Kind in Ihren Armen, das Sie sich so nicht vorgestellt haben. Doch es ist dasselbe Kind auf das Sie neun Monate mit Freude gewartet haben. Wie jedes Kind braucht auch dieses Kind nun Ihre Zuwendung, liebevolle Berührungen, Geborgenheit und Schutz. Was können Sie für Ihr besonderes Kind tun? Lieben Sie es, denn es ist Ihr Kind. Heißen Sie Ihr Kind willkommen in dieser Welt.

Eltern-Kind-Beziehung

Es gilt heute als unbestritten, dass die Familie eines Kindes von besonderer Bedeutung für seine gesamte Entwicklung ist. Das Kind ist einerseits abhängig von der Bedürfnisbefriedigung, Kommunikation und von spielerischen Anregungen, andererseits gestaltet es aktiv das Zusammenspiel zwischen Mutter, Vater und Umwelt in alltäglichen Interaktionen mit. Für die Selbstwahrnehmung und das Selbstbild eines Babys ist es von Bedeutung, dass Bezugspersonen auf seine Signale antworten. Dieser Prozess des Spiegelns ist eine Art Feedback für das Baby, wie die Bezugsperson ihn wahrnimmt. Fehlt eine zuverlässige Bezugsperson scheitert dieser Prozess des Spiegelns. Dies ist häufig der Fall bei mangelnder Einfühlsamkeit der Bezugsperson.[66]

Menschen können sich spontan verstehen, fühlen was andere fühlen. Die Erklärung dieser Phänomene liegt in den Spiegelneuronen (Spiegel-Nervenzellen), einer vor einigen Jahren entdeckten neurobiologischen Sensation. Spiegelzellen unseres Gehirns versorgen uns mit intuitivem Wissen über die Absichten von Personen, deren Handlungen wir beobachten. Sie melden uns, was Menschen in unserer Nähe fühlen, und lassen uns deren

Freude oder Schmerz mitempfinden. Sie sind die neuro-biologische Basis von Empathie und Sympathie.[67]

Lange Zeit ist die Forschung von einer unilinearen Beeinflussung von Kindern durch ihre Eltern ausgegangen. Wenig Aufmerksamkeit wurde dabei den Bedingungen, die das Verhalten verändern, geschenkt. Inzwischen besteht in der Wissenschaft ein Konsens, dass Kinder einen aktiven Beitrag in ihrer eigenen Sozialisation leisten. Eine Rolle spielen hier Merkmale des Kindes, wie Geschlecht, seine körperliche Attraktivität und sein Temperament. Diese Merkmale beeinflussen, wie seine Eltern auf das Kind reagieren. Untersuchungen haben ferner gezeigt, dass Kinder mit bestimmten persönlichen Ressourcen, zu denen ein einfaches Temperament, intellektuelle Problemlösungskompetenzen sowie ein positives Selbstkonzept und Selbstwertgefühl gehören, familiäre Stressoren wie Konflikte in der Familie besser überstehen. Kinder hingegen, die motorisch unruhig sind und keine stabilen Biorhythmen haben, stellen die Geduld der Eltern auf eine harte Probe. Eltern dieser Kinder fühlen sich eher angespannt. Eltern und Kinder „co-kreieren" also ihre Beziehung und die Konsequenzen für die kindliche Entwicklung.[68]

Bindung
Die Bindungstheorie der 1950er Jahre von *Bowlby* geht davon aus, dass schon Neugeborene ein intensives Bedürfnis nach Nähe, Schutz und Zuwendung verspüren. Dabei signalisieren sie mit ihrem Verhalten, ohne bewusste Absicht, dass sie an der Interaktion mit ihren Bezugspersonen interessiert sind. Die Entwicklungspsychologin *Ainsworth* entwickelte den sogenannten „Fremde-Situations-Test", der es ermöglichen soll, verschiedene Bindungsverhaltensmuster zu erkennen.

Dabei werden Reaktionsweisen von Kindern auf das Alleingelassen werden - mit und ohne die Anwesenheit einer fremden Person – und die Rückkehr der Mutter beobachtet. Ihre Typologie wurde später weiterentwickelt und um ein viertes Grundmuster erweitert[69]:

- Sicher gebundene Kinder:
  erkunden die Umgebung, bei Rückkehr der Mutter deren Nähe
- Unsicher-vermeidend gebundene Kinder:
  suchen zwar die Nähe zu ihren Bezugspersonen, halten dabei aber immer auch eine bestimmte Distanz, auf Trennungssituationen reagieren sie kaum, interpretiert wird dieses Verhalten als Furcht vor Ablehnung bzw. präventiver Schutz vor Zurückweisung
- Unsicher-ambivalent gebundene Kinder:
  schwanken zwischen Nähe und Distanz, sie zeigen einen Annäherungs-Vermeidungs-Konflikt
- Desorganisierter Bindungsstil:
  zeigen widersprüchliche und inkohärente Verhaltensweisen

Babys sind nicht selbst in der Lage ihr aktiviertes Bindungsverhaltenssystem zu regulieren. Es bedarf einer externen Regulation durch die Bezugsperson. Eine solche externe Regulation wird unter anderem durch das Pflegeverhalten der Bezugspersonen gegeben. Das Pflegeverhaltenssystem besteht komplementär zum kindlichen Bindungsverhaltenssystem. Es besteht nicht nur aus den Versorgungsaktivitäten wie Baden, Wickeln, Ankleiden. Seine Hauptfunktion besteht in der Regulation des aktivierten kindlichen Bindungsverhaltenssystems und somit der Vermittlung von Geborgenheit, Sicherheit und Schutz.[70]

Eine hohe Feinfühligkeit gegenüber dem Kind im ersten Lebensjahr ist also wesentlich prägend in Bezug auf die Bindungssicherheit des Kindes. Eine sichere Bindung stellt wiederum einen Schutzfaktor für die weitere psychosoziale Entwicklung des Kindes dar. Diese Verbindung wird in verschiedenen bindungstheoretisch fundierten Studien belegt. Diese Ergebnisse zeigen die Bedeutung Eltern im feinfühligen Umgang mit Kindern gegebenenfalls zu unterstützen. Will man Eltern eines Kindes mit besonderen Bedürfnissen darin unterstützen, muss man sich der anderen Ausgangsbedingungen bei Eltern besonderer Kinder bewusst sein. Die Geburt eines Kindes mit besonderen Bedürfnissen bedeutet für Eltern emotionale Belastungen, erschwerte Alltagsbewältigung und Umgestaltungen. Eltern besonderer Kinder müssen daher einerseits einen angemessenen, förderlichen Rahmen bereitstellen und gleichzeitig ihre eigene emotionale Krise bewältigen. Begleitet wird dies mehr oder weniger von erhöhtem zeitlichen Aufwand, anhaltender Sorge um das Kind, finanziellen Belastungen, unzureichender oder unangemessener sozialer Unterstützung und vielleicht auch von negativen Verwicklungen mit Fachleuten, Diensten und Behörden.[71, 72]

Der Zeitpunkt des Erkennens der Besonderheit des Kindes wirkt sich auf die Einstellungen zum Kind aus. Erfahren die Eltern unmittelbar nach der Geburt des Kindes von seinem Besonderssein, kann insbesondere die Mutter-/Vater-Kind-Beziehung von vornherein gestört werden, weil alles unter dem Blickwinkel der Besonderheit gesehen wird. Wird die Besonderheit erst später erkannt, so sind die Eltern zunächst noch unvoreingenommen und daher eher in der Lage einen intensiven Kontakt mit dem Kind aufzunehmen. Auch ist man nicht mehr so unvorbereitet auf die Diagnose.[73]

Beispielsweise hat eine Untersuchung mit Müttern von autistischen Kindern gezeigt, dass im Falle einer gegebenen Einfühlsamkeit seitens der Mutter und einer verarbeiteten Diagnose eine größere Wahrscheinlichkeit einer sicheren Bindung besteht als bei Müttern die entweder nicht einfühlsam waren oder die Diagnose nicht verarbeitet haben. Diese Befunde stützen die Vermutung, dass die Einfühlsamkeit und der Status der Verarbeitung der Diagnose wichtige Voraussetzungen dafür sind, dass – im Falle der hier angeführten Untersuchung – autistische Kinder eine sichere Bindung entwickeln. Es wird vermutet, dass dies durch das Erleben eines positiven Fürsorgeverhaltens möglich ist.[74]

Ich-Entwicklung des Kindes
In Anlehnung an *Stabentheiner*[75] werden im Folgenden die einzelnen Entwicklungsphasen des Kindes, Stufen der Ich-Werdung, beschrieben.

0 – 1 1/2 Jahre: Verschmelzung
Das Neugeborene ist zwar körperlich durch die Geburt getrennt von seiner Mutter, aber es hat sich noch nicht als eigenständiges "körperliches Ich" begriffen. Es erlebt sich als "verschmolzen" mit seiner Mutter und seinem unmittelbaren Umfeld. Anthropologen nennen dieses Einheitsbewusstsein archaisch (= ursprünglich). Es entspricht der Natur des Kindes im ersten Lebensjahr, dieses Verschmolzensein zu leben und auszukosten – einerseits durch den Körperkontakt, andererseits durch den Wesenskontakt, also den Kontakt mit sich selbst. Dies ist die Voraussetzung dafür, dass das Kind die Entwicklungsaufgabe dieser ersten Lebensphase zu erfüllen vermag, sich als ein eigenständiges körperliches Wesen zu begreifen und den Willen zu "körperlichem Sein" zu entfalten.

Was, wenn es dem Baby versagt wird, dieses Bedürfnis nach Verschmelzung zu leben? Es wird ihm schwerfallen, ein "physisches Ich" zu entwickeln. Der Mensch wird sich ein Leben lang nach Verschmelzung sehnen, und nichts wird ihm darin wirklich Befriedigung verschaffen. Diese Sehnsucht wird ihn zu Verhaltensweisen und Entscheidungen treiben, die ihm eine Menge Leid bescheren, seine Gesundheit schädigen. Vielleicht wird er nie richtig in seinem Körper ankommen, nie richtig in seinen Körper hineinfinden und im schlimmsten Fall von einer schweren psychischen Krankheit betroffen sein.

Ein zweites Bedürfnis, welches jenem der Verschmelzung scheinbar widerspricht, besteht darin als das eigenständige, unverwechselbare, einzigartige Wesen, das eine jede und ein jeder ist, erkannt und geachtet, wahrgenommen und angestrahlt zu werden. Dies impliziert ein Verständnis von Erziehung als ein zugewandtes, wahrnehmendes, warmherziges, unterstützendes Begleiten des Kindes auf dem in seinem Wesen angelegten Lebensweg.

1 – 3 Jahre: Differenzierung
Wenn sich das Kind auch im Laufe der ersten Entwicklungsphase körperlich von seinem Umfeld differenziert hat, so ist es emotional doch noch damit verschmolzen.

In der sogenannten Trotzphase lernt das Kind, Nein zu sagen und seinen eigenen Willen durchzusetzen, es beginnt, sich von seinen Bezugspersonen zu unterscheiden, sich selbst nicht nur körperlich sondern auch emotional als ein Ich, den anderen als ein Du zu erfahren.
"Ich bin, ich will, ich mach's selber", lautet seine Botschaft, und das ist es genau, was es für sein Leben zu entwickeln hat. Voraussetzung für das Gelingen dieses

Entwicklungsschrittes, ist, dass es sich bejaht, geliebt und angenommen fühlt, dass es die Zuwendung und gleichzeitig die Freiräume bekommt, die es braucht. Es muss spüren, welche Freude es den Menschen durch sein Dasein bereitet.

Wird das Kind abgelehnt und abgewertet, abgeschoben und alleingelassen, dann bekommt sein "emotionales Ich" nicht die Nahrung, die es zu seinem Gedeihen benötigt. Es wird verkümmern. Der Mensch wird ein Leben lang bedürftig bleiben, und keine noch so schönen Kleider, Autos, Frauen, Männer, keine Machtposition, keine Olympiasiege, keine akademischen Titel und sonstigen Trophäen werden seinen Hunger nach "Ich bin" zu stillen vermögen. Vielleicht wird das Kind zu einer Persönlichkeit heranwachsen, die andere von sich abhängig macht oder sich in Abhängigkeiten von anderen begibt, von der Familie, von der Arbeit, von religiösen Gruppen, politischen Parteien und sonstigen Gemeinschaften wie Stammtische, Ärzten, Therapeuten, Seminarleitern, vom Fernseher, dem Computer oder dem Spielautomaten.

Sehr patriarchale Väter können die Entfaltung des "emotionalen Ichs" be- oder verhindern. Auch jene Mütter, die sich dem Kind überstülpen und es zur Befriedigung ihrer eigenen neurotischen Bedürfnisse missbrauchen, ersticken das Wachstum eines emotionalen Ichs, verhindern, dass sich das Kind von seinem Umfeld abzugrenzen lernt und fähig wird, zu sich selbst zu stehen.

Der Begriff "Trotzphase" bringt nicht auf den Punkt, worum es in diesem Lebensabschnitt geht. Das Kind wird dann trotzig, wenn ihm signalisiert wird: "So wie du bist, bist du nicht in Ordnung". Dies kann auf zwei Arten passieren: Einerseits dadurch, dass es gestoppt wird, andererseits dadurch, dass man es die eigenen Grenzen überschreiten lässt, und es sich dadurch als eine ständige Überforderung für sein Umfeld erlebt.

Wichtig also, dass die Eltern dem Kind einerseits mit bedingungsloser Wertschätzung begegnen, andererseits aber auch ihre Grenzen deutlich machen. Wenn das Kind Grenzen überschreitet, sollten Eltern es nicht zurückweisen. Also nicht: "Du bist böse, weil du Grenzen überschreitest" sondern aus der Bejahung der eigenen Grenzen heraus, das Kind zur Kooperation bewegen und es in konstruktive Bahnen umlenken. Die Herausforderung, vor die ein Kind seine Eltern stellt, liegt darin, dass sowohl das Kind seine als auch die Eltern ihre eigenen Grenzen bejahen. Es geht immer um die eigenen Grenzen und um die Grenzen anderer. Und es geht um den Schutz des Kindes. Stellen wir uns vor, das Kind möchte partout mit einem gefährlichen Gegenstand spielen. Selbstverständlich werden wir ihm diesen Gegenstand aus der Hand nehmen müssen. Hoffentlich gelingt es uns in der Folge, die Aufmerksamkeit des Kindes auf einen anderen attraktiven Gegenstand zu lenken, sodass seine Neugier nicht gestoppt sondern umgelenkt wird.

Kinder fordern uns, uns mit ihnen auseinanderzusetzen. Diese Auseinandersetzung verlangt uns ein hohes Maß an innerer Ausgeglichenheit ab. Wir müssen uns darauf einstellen und einlassen. Wir machen dabei auch Fehler. Alle Eltern und Erziehenden machen Fehler. Alle Eltern und Erziehenden fügen ihren Kindern seelische Verletzungen zu. Es gibt keine perfekte Elternschaft. Wenn Eltern sich als Begleiter ihrer Kinder weiterentwickeln wollen, dann sind Schuldgefühle ein schlechter Ratgeber. Kinder verzeihen uns unsere Fehler, wenn sie sich grundsätzlich geliebt fühlen. Also können wir als Eltern uns eigene Fehler auch verzeihen. Gestehen wir unsere Fehler ein, und lernen wir daraus. Nicht nur die Eltern sind ihren Kindern Begleiter in deren Entwicklung, sondern ebenso die Kinder ihren Eltern. Seien Sie Ihren Kindern ein wahrnehmender, wertschätzender, warmherziger, unterstützender Begleiter.

3 – 7 Jahre: Denken

Hand in Hand mit der Entwicklung des Sprechens, beginnt das Kind, Fragen zu stellen ("Warum...? "), es entwickelt das Denken. Und es entwickelt ein mentales Konzept von sich selbst, ein Selbstbild, indem es sich mit bestimmten Eigenschaften identifiziert. Freilich entspricht dieses Selbstbild weitgehend dem, was die Eltern ihm signalisiert haben, dass es sei. Und freilich mischt sich dazu auch das Selbstbild der Eltern, das, was Vater und Mutter übereinander und über ihre Beziehung denken. Wie auch immer, aus diesem Selbstbild heraus tritt das Kind künftig mit anderen in Beziehung. Das Denken bringt einen Sinn für Zeit mit sich, für Vergangenheit und Zukunft. Die Unmittelbarkeit des Seins in der Gegenwart, wie sie dem Kleinkind eigen ist, tritt in den Hintergrund. Das Kind leitet mehr und mehr sein Sein in der Gegenwart aus der Vergangenheit ab und macht sich Hoffnungen für die Zukunft. Es verliert seine "Unschuld". Tatsächlich taucht in dieser Lebensphase erstmals das Phänomen von Schuld auf, Schuld, nicht dem System (gemeint sind die bewussten und unbewussten Strukturen, Muster, Urteile, Ver- und Gebote...) der Gemeinschaft, der es sich zugehörig fühlt, zu entsprechen.

Das System der Gemeinschaft, der sich das Kind zugehörig fühlt, formt das System seines Denkens. Wie die Gemeinschaft, der sich das Kind zugehörig fühlt, tickt, so tickt auch das Denken des Kindes. Dies führt für viele Kinder zu einer dramatischen Situation, denn die Art des Tickens der Gemeinschaft stimmt nicht immer mit dem Wesen des Kindes überein, und so sieht es sich gezwungen, sein Wesen dem System seines Denkens (mentales Ich) unterzuordnen. Das Kind fühlt sich also in seinem Wesen ebenso wie in seinem "physischen und emotionalen Ich" bedroht durch das System seines Denkens, durch sein mentales Ich (im Traum ist das mentale Ich oft symbolisiert durch eine übermächtige, angsteinflößende Figur).

In dem Maße, in welchem das System der Gemeinschaft, der sich das Kind zugehörig fühlt, geprägt ist durch starre moralische Vorstellungen, Tabus, Ängste, die keinen Raum lassen für Liebe, Herzenswärme, Empathie, Neugier und Entdeckungslust, wird das was der Mensch in seinem Kern ist (das „mentale Ich"), jegliche Existenzberechtigung absprechen. Der Mensch wird, einmal erwachsen geworden, nur innerhalb eines engen Korsetts imstande sein, wahrzunehmen, zu fühlen, zu denken, zu handeln, Beziehungen zu leben, und zwar innerhalb des Korsetts des Systems, dem er sich zugehörig fühlt. Er wird nur in sehr beschränktem Maße das Wesen, das er ist, und die darin angelegten Potenziale zu entfalten vermögen.

Je förderlicher das Umfeld des Kindes mit dessen ganzheitlicher Bedürfnislage umgeht, je mehr Raum die Gemeinschaft, der sich das Kind zugehörig fühlt, der Entfaltung der einzelnen Individuen gibt, je mehr Verständnis die einzelnen Individuen in der Gemeinschaft für ihr Sosein erhalten, desto kooperativer wird sich das "mentale Ich" entwickeln, desto selbstverständlicher wird es dem "physischen und emotionalen Ich" ihren Platz im gesamten Menschsein zuerkennen und dem Wesen als Instrument dienen, in Beziehung zu treten, sich zum Ausdruck zu bringen, schöpferisch tätig zu sein.

Wenn es aber wenig Kooperation innerhalb der Gemeinschaft gibt, keine Werte, die die Gemeinschaft zusammenhalten, wenig Beziehungsfluss zwischen den Gemeinschaftsmitgliedern, wenn das Kind vernachlässigt oder gar verwahrlost auf der Strecke bleibt, könnte das "mentale Ich" verkümmern, sodass es nicht in der Lage ist, dem physischen und "emotionalen Ich" ihren Platz zuzuweisen. Das Kind würde nur in eingeschränktem Maße soziale Fähigkeiten entwickeln, sein "physisches und emotionales Ich" würden dazu tendieren, in krankhafter Weise auszuufern.

7 – 14 Jahre: Außerfamiliäre Gemeinschaften
Mit dem Eintritt des Kindes in die Schule gewinnen außerfamiliäre Gemeinschaften an Bedeutung, die Schulklasse, ein Freundeskreis, Kinder- und Jugendgruppen. In diesen Gruppen bilden sich Hierarchien, Rollenfestlegungen und Regeln. Solche Gemeinschaften stellen ein wichtiges Lernfeld für das Kind dar, einerseits zur Entwicklung des sogenannten Regel-Rollen-Bewusstseins, andererseits für viele Fertigkeiten. Kinder lernen oft besser von Kindern als von Erwachsenen. Und sie müssen lernen, sich unter ihresgleichen zu behaupten, "wer zu sein", wobei dieses "wer" maßgeblich bestimmt ist durch die Rolle des Kindes in der Gemeinschaft. Zum "körperlichen, emotionalen, mentalen Ich" gesellt sich nun ein Rollen-Ich bzw. das "soziale Ich". Die Gemeinschaft wird wichtig, sie wird neben der Familie zu einer zweiten Heimat, zu der das Kind einen hohen Grad an Identifikation entwickelt. Freilich kommt es innerhalb der Gemeinschaft zu ständigen Rangkämpfen, gleichzeitig sieht sich die Gemeinschaft als ganze in Rivalität zu anderen. Der Drang, dazu zu

gehören, wird in dieser Lebensphase zu einem bedeutenden Handlungsmotiv, ausgeschlossen sein ist die größte Bestrafung. Daraus erklären sich ein mehr oder weniger ausgeprägter Hang zu Konformismus und der Konflikt des Kindes zwischen der Moral, die sich ihm durch seine Familie eingeprägt hat, und jener der Gruppe. Was das Kind von seinen Eltern in dieser Lebensphase braucht? Das Angebundensein an die Familie mit einer langen Leine, die es ihm ermöglicht, seine Erfahrungen zu machen, die es aber auch vor gröberen Abstürzen bewahrt. Vor allem braucht es, dass ihm die Eltern als Ansprechpartner zur Verfügung stehen, um die Erlebnisse in der Gruppe verarbeiten zu können.

14 – 19 Jahre: Pubertät
Es liegt in der Natur dieser Phase, dass sich der junge Mensch von seinen Eltern und von seiner Abhängigkeit löst, um sich auf sein eigenes Erwachsensein hinzubewegen. Eltern stehen nun vor der Herausforderung, die Leine loszulassen, durch die das Kind bislang mit ihnen verbunden war, und es in dieser Ungebundenheit dabei zu unterstützen, seinen eigenen Weg zu finden.
Für den jungen Menschen geht es zunächst darum, sich zwischen den vier bislang entwickelten Ichs, dem körperlichen, emotionalen, mentalen und sozialen, zu orientieren. Eine große Herausforderung, weil sie untereinander oft im Widerstreit stehen. Ordnung kann hier nur eine darüber hinausreichende Instanz schaffen. Wir könnten sie "das eigentliche Ich" nennen oder das Selbst. Das Selbst ist der Identifikation mit dem Körper, mit den Gefühlen, mit dem Denken, mit den Rollen und Gruppen übergeordnet, es stellt die eigentliche Identität des jeweiligen Menschen dar, das einzigartige, unverkennbare Wesen, das er ist. Die Bestimmung der vier Ichs liegt darin, mehr und mehr zu Instrumenten des

Wesens zu werden, sich in der konkreten Welt zu manifestieren und zu verwirklichen.

Die Entdeckung des Wesens bringt eine neue Qualität von Beziehung zur Welt mit sich, verglichen mit jener des Kindes. Das Kind nimmt die Welt wahr und erlebt sich als von ihr abhängig. In der Adoleszenz erwacht der Anspruch, die Welt zu gestalten, zu verändern, zu verbessern. Aus diesem Gestaltungswillen ergibt sich Verantwortung für das eigene Handeln und die sich daraus ergebenden Konsequenzen.

Diese allgemeinen Ausführungen zur Ich-Entwicklung treffen auch auf Kinder mit besonderen Bedürfnissen zu. Auch Sie sollten, soweit dies möglich ist, die Chance erhalten zu selbstbestimmten Persönlichkeiten zu reifen.

15 „Wir schaffen das gemeinsam!" ~ Familienkompetenzen

Ihr Leben ist voller Sorge. Besonders in der Anfangszeit, in der Sie als Eltern selbst erst lernen müssen, sich in Ihrer neuen Aufgabe zurechtzufinden, sind schwierig. Sie erleben Höhen und Tiefen, ein ständiges Auf und Ab Ihrer Gefühle. Sie müssen diverse Ämter und die Krankenkasse aufsuchen, oft viele Untersuchungen Ihres Kindes begleiten und sich mit Bürokratie in dieser ohnehin schon so belastenden Situation auseinandersetzen.

Je nach Art und Schwere der Beeinträchtigung unterscheiden sich die einzelnen Geschichten der Familien im Detail, aber alle fühlen sich ähnlich. Sie müssen mit der Diagnose fertigwerden, Ihre Kinder bei Krankenhausaufenthalten begleiten, mit Ihren Kindern Operationen durchstehen, mit medizinischem Personal zusammenarbeiten. Als Eltern empfinden Sie die Schmerzen Ihrer Kinder mit. Wie Sie es dennoch schaffen können, ein gelingendes und glückliches Familienleben zu führen, sollen Ihnen die nächsten Seiten zeigen. An dieser Stelle werden Ihnen verschiedene Möglichkeiten dargelegt. Sie selbst wählen, welcher Weg für Sie persönlich in Frage kommt. Das ist allein Ihre Entscheidung.

Maßnahmen für Eltern

Um in einer akuten Krise zurechtzukommen braucht es Zeit und Geduld. Gestehen Sie sich die für die Verarbeitung von Ihnen benötigte Zeit zu. Seien Sie geduldig mit sich selbst. Es ist eine ganz normale und übliche Reaktion. Schritt für Schritt müssen Sie Ihren Weg finden, um nicht dauerhaft in der Trauer zu bleiben. Unterstützen können Sie dabei vor allem liebevollen Menschen, die Ihr Leid gut aushalten können, zuhören und Sie begleiten. Manchmal sind auch Angehörige und Freunde mit der Situation überfordert. In diesem Fall empfiehlt sich die Inanspruchnahme professioneller Hilfe. Es kommt vor, dass die Menschen in Ihrem Umfeld von der Situation selbst überfordert sind und sich der Konfrontation mit der enormen Emotionalität nicht gewachsen fühlen. Gut gemeinte Ratschläge sind keine Unterstützung, sondern verstärken mitunter noch die Einsamkeit in der Krise. Religiöse Menschen finden Unterstützung und Trost auch in Ihrem Glauben und im Beistand durch einen seelsorgerischen Dienst.

Die Elternrolle haben Sie sowohl gegenüber Ihrem Kind mit besonderen Bedürfnissen als auch gegenüber, wenn vorhanden, weiteren, gesunden, Kindern zu erfüllen.

Akzeptieren Sie die Besonderheit Ihres Kindes
Ihr Kind mit besonderen Bedürfnissen hat sich nicht aus freiem Willen dafür entschieden. Ihr Kind ist in erster Linie vor allem ein Mensch, ein Kind. Wie jedes andere Kind benötigt auch dieses Kind Ihre Liebe!

Nehmen Sie Angebote von familienentlastenden Diensten zu Ihrer Entlastung in der Pflege und Betreuung im Alltag in Anspruch
Sie haben damit die Möglichkeit, sich Ihre Kraft gut einzuteilen, denn Sie brauchen diese viele Jahre lang. Es gibt keinen Grund Schuldgefühle zu entwickeln, wenn Sie etwas von der Betreuungstätigkeit abgeben. Ein Kind mit besonderen Bedürfnissen bedeutet einfach einen Mehraufwand an Zeit und Einsatz. Diese entlastenden Hilfsdienste zu nutzen ist legitim. Wenn auch Sie wegen Erschöpfung, aus Verzicht solcher Dienste, eines Tages als Betreuungsperson ausfallen, hilft das langfristig niemandem. Darum, nutzen Sie derartige Angebote frühzeitig. Sie dürfen sich unterstützen lassen!

Nutzen Sie Angebote von Beratungsstellen
Die auf Kinder mit besonderen Bedürfnissen speziali-
sierten Beratungsstellen sind mit Ihrer besonderen Situation vertraut. Haben Sie daher keine Scheu, sich an
diese Einrichtungen zu wenden. Fragen von Frühförde-
rung, Probleme in der Kindheit und Pubertät, finanzielle
Unterstützungsleistungen und vieles andere mehr können dort abgeklärt werden. Ebenso kann es gelegentlich
hilfreich sein psychologische Beratung in Anspruch zu
nehmen. Es gibt auch Psychologen/Psychologinnen,
Psychotherapeuten/Psychotherapeutinnen, die Erfahrung mit Kindern mit besonderen Bedürfnissen und mit
Geschwisterkindern haben.

**Fördern Sie die Unabhängigkeit und Selbständigkeit
Ihres Kindes** mit besonderen Bedürfnissen
Je selbständiger Ihr Kind mit besonderen Bedürfnissen
ist, umso mehr wird auch das Selbstvertrauen gestärkt.
Denn, Ihr Kind ist nicht nur ein Mensch mit besonderen
Bedürfnissen. Vielmehr ist es ein Kind wie andere Kin-
der auch und benötigt deshalb Zuwendung, Ansporn,
Liebe, Geborgenheit, es kann angemessene Aufgaben
und Verantwortung übernehmen, und vieles andere
mehr.

**Die Teilnahme an einer für Sie geeigneten Selbsthil-
fegruppe** oder die Gründung einer Selbsthilfegruppe,
falls es noch keine adäquate für Sie geben sollte, schafft
eine Möglichkeit des Austausches
Eltern mit ähnlichen bis gleichen Problemen treffen sich
und stehen sich gegenseitig mit Rat zur Seite. Darüber
hinaus kann der Austausch das Gefühl mindern, ganz
allein mit dieser besonderen Situation konfrontiert zu
sein. Doch nicht für alle Eltern ist die Teilnahme an
einer Selbsthilfegruppe stärkend, es ist ja auch nur eine
Möglichkeit, neben anderen.

Verbringen Sie bewusst eine bestimmte Zeit mit Ihrem gesunden Kind

Hier geht es nicht so sehr darum, wie Sie die Zeit mit Ihrem Kind verbringen, sondern vor allem darum, dass Sie explizit Zeit Ihrem gesunden Kind widmen.

Erkennen Sie die Erfolge Ihrer Kinder an, sowohl des Kindes mit besonderen Bedürfnissen als auch des gesunden Geschwisterkindes. Loben Sie Ihre Kinder angemessen.

Gönnen Sie sich selbst Freiräume

Sie selbst wissen, was Ihnen guttut. Private Freiräume schaffen Sie sich, indem Sie fixe Zeiten für Ihre Interessen einplanen. Erledigen Sie nicht alles selbst und lernen Sie loslassen und Nein sagen. Planen Sie fixe Zeiten ohne Termine für sich selbst bewusst ein.

Üben Sie nach Möglichkeit eine Berufstätigkeit aus

Bedingt durch den erhöhten Zeitaufwand, den ein Kind mit besonderen Bedürfnissen, in der Familie mit sich bringt, sehen sich insbesondere Mütter oft außerstande auch noch einen Beruf auszuüben. Da jede Familiensituation individuell ist, kann auch hier keine pauschale Empfehlung gegeben werden. Allgemein gilt, dass für eine Mutter die Berufstätigkeit Abwechslung, Selbstbestätigung, Kommunikation und Vermeiden von sozialer Isolation mit sich bringt.

Pflegen Sie regelmäßig soziale Kontakte

Soziale Kontakte sind sehr wichtig zum Erhalt der eigenen psychischen Gesundheit. Auch wenn Ihnen anfänglich vorkommen mag, dass dafür keine Zeit sei. Planen Sie für sich diese wichtige Zeit für Kontaktpflege ein. Dies kann z.B. in Form von regelmäßigen gemeinsamen

Treffen mit Freunden stattfinden, bei Eltern-Kind-Gruppen, beim Sport oder einer kreativen Tätigkeit. Sie selbst sind Gestalter/in Ihres Lebens! Auch als Mutter bzw. Vater eines Kindes mit besonderen Bedürfnissen bleibt das so.

Informieren Sie Menschen Ihrer Umgebung

Auch die Menschen in Ihrem näheren Umfeld, Ihre Angehörigen, Freunde, Nachbarn, Arbeitskollegen, wissen nicht immer alle gleich mit der Situation umzugehen. Informieren Sie sie über Ihre aktuelle Situation. Manche Eltern schreiben Ihren Freunden einen Brief, in dem Sie mitteilen, was konkret die Besonderheiten ihres Kindes sind, wie es ihnen als Eltern aktuell damit geht und dass sie gerne Kontakt aufrecht halten möchten oder dass sie es dem Briefempfänger überlassen möchten, ob er bzw. sie die Freundschaft aufrecht erhalten möchten usw.

Maßnahmen für das Paar

Die Gestaltung Ihrer Partnerschaft wirkt sich wiederum auf Ihre Familie und Sie persönlich aus.

Nehmen Sie sich Zeit für gemeinsame Aktivitäten

Sehr wichtig ist es, regelmäßig darauf zu achten, als Paar Zeit für sich einzuplanen. Diese Zeit muss man sich nehmen, sie ist, wie auch in Beziehungen ohne ein Kind mit besonderen Bedürfnissen nie von selbst da. Sich Zeit und Raum als Paar zu nehmen ist für Paare mit einem gesunden Kind nicht weniger wichtig, nur, bei einem Paar mit einem Kind mit besonderen Bedürfnissen ist durch den Mehraufwand und die psychische Dauerbelastung die Gefahr, sich als Paar zu vernachlässigen, nochmals größer. Auch wenn am Anfang dafür kein Platz zu sein scheint, ist es wichtig nach solchen Möglichkeiten zu suchen.

Zu Beginn mit dem Neugeborenen mag dies noch schwieriger sein, nach einiger Zeit sollten Sie sich jedoch ein Stück der alten Zweisamkeit zurückerobern. Lassen Sie sich für dieses Ziel auch unterstützen, nehmen Sie Hilfeangebote an. Das können Angebote von Angehörigen, Freunden oder professionelle Hilfedienste, wie Babysitter, Kinderbetreuung, soziale Dienste, sein. Es mag für den Beginn schon ein erster Schritt sein ein gemeinsames Essen in Ruhe zu genießen ohne sich um die Kinder zu kümmern.

Pflegen Sie die tägliche Kommunikation
Die tägliche Kommunikation sollte regelmäßig gepflegt werden. Dabei sollte die Kommunikation sich nicht nur auf die Entwicklungsschritte des besonderen Kindes beschränken. Es ist wichtig, sich darüber auszutauschen und über Arzt- und Therapiepläne gemeinsam zu sprechen. Immer wieder gibt es Themen die gemeinsam diskutiert werden müssen und über die Entscheidungen getroffen werden müssen. Daneben soll es aber auch um die eigenen Gefühle und Erlebnisse des Tages von Mutter und Vater sowie von Frau und Mann gehen.

Schaffen Sie sich Rituale
Rituale, wie z.B. einmal pro Woche einen Abend gemeinsam außer Haus verbringen, das bedeutet als Paar Energie zu tanken.
Raum schaffen für Gespräche, Trauer, Freude, Liebe.
Es kommt nicht darauf an, wie Sie die gemeinsame Zeit gestalten. Wichtig ist, dass sie gemeinsame Zeit verbringen.
Nur wenn wir unseren Partner/unsere Partnerin an unseren Gefühlen und Gedanken teilhaben lassen, kann

er/sie unsere Bedürfnisse kennen und nach Möglichkeit diese erfüllen. Die Zufriedenheit jedes Einzelnen ist die Voraussetzung einer erfüllten Partnerschaft und eines glücklichen Familienlebens. Fühlen Sie sich in Ihrer Beziehung vernachlässigt oder alleingelassen, sprechen Sie mit Ihrem Partner darüber. Warten Sie damit niemals allzu lange, denn das führt nur unnötig zu Missverständnissen. Haben Sie den Mut, empfundene Unannehmlichkeiten zu benennen. Seien Sie bereit für einen offenen, konstruktiven Austausch.

Maßnahmen für das Individuum

Ihre Rolle als Individuum, Ihre ganz persönliche Seite will auch gelebt werden.

Halten Sie Ihre Lebensbereiche im Gleichgewicht

Auf lange Sicht soll immer versucht werden einen harmonischen Ausgleich zwischen den verschiedenen Lebensbereichen, persönliche Entwicklung, soziale Kontakte, Leistung, zu schaffen. Die persönliche Entwicklung reicht von Interessen, Hobbies, Sport, Kreativität, Entspannung, Urlaub, Erholung, Schlaf, Visionen, Fortbildung bis zu sozialen Kontakten, wie Partnerschaft, Familie, Freunde, Verwandte, Nachbarn, Kollegen, Vereine usw. Der Lebensbereich Leistung umfasst vor allem den Beruf und den Haushalt. Befinden sich die Lebensbereiche langfristig nicht in einem harmonischen Gleichgewicht, hat dies negative Folgen, wie z.B. eingeschränkte Leistungsfähigkeit, Vereinsamung, Krankheit. Bei einer guten persönlichen Zeiteinteilung haben alle Bereiche Platz.

Achten Sie auf Ihr seelisches Wohlbefinden

Seelisches Wohlbefinden und eine Stärkung des Selbstwertes entstehen auch dadurch, dass wir erreichen, was wir uns vorgenommen haben. Dazu ist es notwendig, dass Sie sich klar werden, was Sie erreichen möchten, heute und in der Zukunft. Dadurch, dass Sie sich mit diesem Thema dann beschäftigen, wird Ihre Aufmerksamkeit in eine bestimmte Richtung gelenkt. Machen Sie Träume zu klaren Zielen. Ziele und Aufgaben geben Sinn im Leben. Zu wissen was man will und wofür man lebt, kann auftretende Störungen als weniger belastend empfinden lassen.

Tun, was Ihnen gut tut

Tun Sie nach Möglichkeit Dinge, die Ihnen gut tun, Ihnen Kraft geben. Für den einen mag dies im Glauben, in der Meditation, in Entspannungstechniken, für den anderen in der Ausübung eines Hobbys usw. liegen.

Packen Sie Anstehendes an

Wenn Sie etwas gefühlsmäßig sehr beschäftigt und Ihnen immer wieder durch den Kopf geht, sollten Sie es so rasch als möglich angehen. Ein aufgeschobenes Gespräch mit jemand, aufgeschobene Arbeiten, die finanzielle Situation oder die Angst vor der Zukunft, wenn man es nicht anpackt, blockiert es. Und vor allem: Es ändert sich nichts. Besser ist es, die unerledigte Situation anzupacken, indem man z.b. ein Gespräch mit jemanden führt, eine Beratung beansprucht, verschiedene Varianten durchdenkt, sich Verschiedenes ansieht, Arbeiten erledigt, Informationen einholt, sich zusammensetzt und gemeinsam Zukunftspläne schmiedet.

Genießen Sie bewusst kleine Freuden

Auch wenn das Leben sich Ihnen nicht immer von seiner schönen und heiteren Seite zeigt, versuchen Sie sich auch an den kleinen Dingen des Lebens zu freuen. Dies kann z.B. ein schöner sonniger Tag sein, ein Vogelzwitschern, das Aufblühen der Blumen, der Duft von frischem Gras, ein nettes Wort, und vieles andere mehr sein. All diese Annehmlichkeiten leisten einen Beitrag zu seelischem Wohlbefinden. Es liegt an Ihnen selbst diese kleinen Freuden des Alltags bewusst aufzunehmen.

Lob und Anerkennung annehmen und geben
Selbstverständliche Höflichkeiten, wie ein „bitte", „danke", „guten Morgen", drücken Wertschätzung aus und sind wichtig für das persönliche Wohlbefinden.

Nehmen Sie Ihre Erfolge wahr
Sehen Sie das, was Sie geleistet haben und nicht das was Sie nicht geleistet haben. Ein Kind großzuziehen ist an sich schon eine große Leistung, noch mehr ist es den Alltag mit einem Kind mit besonderen Bedürfnissen zu meistern. Sie haben allen Grund auf sich stolz zu sein. Machen Sie sich die Erfolge, auch Ihres Alltags, immer wieder bewusst.

Gönnen Sie sich jeden Tag etwas Gutes
Belohnen Sie sich täglich, denn Lebensqualität ist die Summe dessen, wie wir unser tägliches Leben gestalten. Es liegt in Ihrer Hand, diese vielen alltäglichen Möglichkeiten zum eigenen Wohl und dem Wohl Ihrer Familie zu nutzen.

Sorgen Sie für Ihre ganz persönliche Psychohygiene
Widmen Sie sich selbst und Ihren Interessen Zeit. Nehmen Sie sich eine Auszeit von der Elternrolle, z.B. indem Sie täglich eine Stunde für sich verwenden, einen Abend in der Woche mit einer Freundin bzw. einem

Freund verbringen usw. Sorgen Sie für Ihre ganz persönliche Psychohygiene.

Maßnahmen für Geschwister

Auch Geschwister von Kindern mit besonderen Bedürfnissen haben ihre eigene Entwicklung und führen ihre eigenen Auseinandersetzungen. Jedes Kind reagiert natürlich anders. Die Einstellung der Eltern zur besonderen Situation beeinflusst das Verhalten des gesunden Geschwisterkindes.

Über Gefühle reden

Es ist sehr wichtig, mit den Kindern über ihre Gefühle zu sprechen und sie ernst zu nehmen. Wichtig ist, ihnen Raum zu geben für ihre Gefühle, wie Eifersucht, Rivalität, Ärger usw. Zu vermitteln ist, dass es ganz in Ordnung ist, wenn sie die Welt manchmal ungerecht finden oder Dinge besser können. Auch unter gesunden Geschwisterkindern herrscht mitunter Neid, Eifersucht, Rivalität. Sie sind darin zu unterstützen, fühlen zu dürfen was und wie sie fühlen. Nur so lernen sie ihrer Wahrnehmung trauen zu können und dürfen.

Geben Sie Informationen

Geschwister von Kindern mit besonderen Bedürfnissen sollen die Möglichkeit haben Fragen zu stellen, Informationen zu erhalten. Sie bestimmen, mit welchen Themen sie sich auseinandersetzen.

Beachten Sie die Bedürfnisse der Geschwister

Die Bedürfnisse der Geschwister von Kindern mit besonderen Bedürfnissen sollen beachtet werden. Auch dieses Kind hat ein Recht auf eine gesunde Entwicklung. Achten Sie daher darauf, dass das Geschwisterkind Wünsche formuliert, die auf sie selbst bezogen sind und ermuntern Sie sie wenn nötig dazu.

Nutzen Sie gruppenpädagogische Angebote
Verschiedene Einrichtungen bieten Angebote speziell für Geschwister von Kindern mit besonderen Bedürfnissen an. Bei regelmäßigen Treffen in Kleingruppen werden Informationen über die Krankheit bzw. Behinderung ausgetauscht, Erlebnisse und Gefühle besprochen und ein Kind sieht, dass auch andere in einer ähnlichen Situation leben. Auch gemeinsame Freizeitaktivitäten werden angeboten. Freundschaften können sich dadurch entwickeln.

Finden Sie eine Vertrauensperson
Das Geschwisterkind sollte eine Person seines Vertrauens haben. Das können die Eltern sein, müssen aber nicht die Eltern sein. Angehörige, Freunde, Betreuer usw. können auch diese Vertrauensperson sein. Die Möglichkeit vertrauliche Gespräche führen zu können sind sehr wichtig.

Umgang mit Hänseleien und in der Öffentlichkeit
Allgemein gilt, seien Sie Ihrem Geschwisterkind ein positives Vorbild im Umgang mit der Besonderheit Ihres Kindes in der Öffentlichkeit. Kinder lernen nun einmal auch durch Nachahmung.
Hänseleien, zum Beispiel in der Schule, kommen leider immer wieder vor. Auch hier gilt, den Selbstwert des Kindes zu stärken, mit ihm darüber reden. Denn vermeiden können Sie die Hänseleien leider nicht. Machen Sie sich gemeinsam einmal auf die Suche anhand konkreter Beispiele über mögliche Reaktionen. Beispiele, die Kinder genannt haben reichen von „Ich sage ihnen, dass sie selbst nicht perfekt sind.", „Ich ignoriere Sie einfach.", „Ich sage ihnen, dass sie selbst eines Tages in

dieser Lage sein könnten, zum Beispiel durch einen Unfall." „Er ist so wie er ist, er kann ja nichts dafür."

Stärken Sie den Selbstwert Ihres Kindes
Die Förderung des Selbstwerts ist für alle Menschen wichtig, besonders bei Kindern tragen Erwachsene viel dazu bei. Der Grundstein für einen positiven Selbstwert wird in der Kindheit gelegt. Vor allem durch das Ausmaß an Zuneigung und Anerkennung, das ein Kind erfährt.

Lassen Sie Hilfe zu
Manche Geschwister helfen gerne bei der Betreuung und Pflege des Kindes mit besonderen Bedürfnissen mit. Sie wollen Ihre Eltern unterstützen. Auch kommen Sie damit in Kontakt mit dem Kind mit besonderen Bedürfnissen. Als Eltern ist darauf zu achten, dass nur angemessene Hilfetätigkeiten durch Geschwister durchgeführt werden. Kritisch wird dies, wenn damit eine Verantwortungsübergabe erfolgt, die dem Alter und den persönlichen Fähigkeiten des Kindes nicht entspricht, das zeitliche Ausmaß groß wird, oder eigene Interessen dabei in Vergessenheit geraten.

Eigene Entwicklung
Gestehen Sie dem Geschwisterkind ein eigenes Leben zu.

Maßnahmen für das besondere Kind

Sehen Sie die Stärken und Möglichkeiten
Konzentrieren Sie sich auf die Stärken Ihres Kindes, statt auf die Schwächen.
Reduzieren Sie Ihr Kind mit besonderen Bedürfnissen nicht auf seine „Defizite", sondern konzentrieren Sie sich auf seine Fähigkeiten und Potenziale und bieten Sie

ihm die Entwicklungsräume die es benötigt. Auch ihnen sind Fähigkeiten zu eigen, die es gilt zu fördern, und Potenziale, die ins Leben kommen wollen, vielleicht das Potenzial von liebevoller Präsenz, von innerem und äußerem Frieden, von Loslassen, von Lebensfreude...

Menschen mit Bedürfnissen
Sehen Sie, dass auch ihr besonderes Kind ein Mensch mit Bedürfnissen und Wünschen ist. Ihr Kind hat nicht nur seine besonderen Bedürfnisse, es ist vor allem auch ein Kind, ein Mensch, mit Bedürfnissen wie andere auch.

Fördern Sie die Autonomie und den Selbstwert
Um die Autonomie zu fördern, soweit dies möglich ist, und dies ist je nach Art und Schwere der Besonderheit sehr unterschiedlich, gilt auch hier das bereits Geschriebene über Selbstwert und Stärken. Eigenständigkeit zu verlieren heißt nicht die Selbstbestimmung zu verlieren.

Mit dem Schwachen, Kranken... in Beziehung zu sein, vermittelt einem das Gefühl von Macht, man fühlt sich wichtig, gebraucht. Indem wir uns auf die Stärken eines Menschen beziehen, geben wir ihm die Macht über sich selbst zurück, vermitteln wir ihm das Gefühl, wichtig zu sein und gebraucht zu werden. Das wiederum ist sehr wichtig für die Selbstwertstärkung des Menschen mit besonderen Bedürfnissen.

Wie können wir Stärken verstärken? Indem wir sie suchen, indem wir sie erkennen, ansprechen und anerkennen, indem wir den Menschen Möglichkeiten schaffen, sie zu leben und zur Wirkung zu bringen. Indem wir den Menschen mit den vorhandenen Stärken, mit dem Vertrauten, Liebgewordenen in Verbindung bringen, stärken wir das Gefühl von Sicherheit.

Lebenszeit und Biografiearbeit

Eltern von Kindern mit besonderen Bedürfnissen stellen sich auch immer wieder die Frage was über ihre Lebenszeit hinaus mit dem Kind (bzw. dem späteren Erwachsenen) in der Zukunft sein wird. Wie können wir sicherstellen, dass es unserem Kind auch dann noch gut geht? Folgt man dem natürlichen Lauf des Lebens, und sieht man nun von den Diagnosen eines frühzeitigen Lebensendes des Kindes ab, so müssen Eltern damit rechnen zeitlich vor ihrem Kind zu sterben. Davon ausgehend, dass Ihr Kind spätestens dann, aber häufig auch schon früher, als junger Erwachsener etwa, in einer Einrichtung betreut wird, stellt sich die Frage nach den Möglichkeiten Ihr Kind weiterhin zu begleiten. Ein Weg dazu, auf den hier näher eingegangen wird, ist die Biografiearbeit.[76]

Biografiearbeit ermöglicht, einem Menschen im ganzheitlichen Sinn gerecht zu werden. Das Verlassen des Elternhauses und die Unterbringung in eine Einrichtung ist ein Einschnitt bzw. eine enorme Veränderung im Lebensprozess. Biografiearbeit ist ein mögliches Instrument für die Begleitung von Menschen mit besonderen Bedürfnissen, um ihnen zu ermöglichen, auch in einer Einrichtung ihr Leben nach Ihren Gewohnheiten und Wünschen zu gestalten.

Biografiearbeit hilft, die Wünsche, Bedürfnisse, Verhaltensweisen der Menschen zu verstehen, um ihren individuellen Lebensäußerungen die entsprechende Resonanz geben zu können.

Biografiearbeit bildet darüber hinaus die Voraussetzung, sowohl das familiäre und sonstige Umfeld als auch die professionellen Begleiter mit einzubeziehen.

Die Biografiearbeit, die sich an den Stärken eines Menschen orientiert, sucht und fördert Stärken. Dies erfolgt in der Familien- und sozialen Biografie (Ursprungsfamilie und eigene Familie, sonstige Bezugspersonen, gesellschaftlicher Status, materielle Situation...), in der Kulturbiografie (kulturelle Herkunft, implizite und explizite Werte, religiöse und politische Überzeugungen, moralische Grundsätze, Lebensphilosophie, Zugehörigkeiten, Lebensstil und Lebensgewohnheiten...), in der Körperbiografie (Veranlagungen, Umgang mit dem Körper, Krankheitsgeschichte, Gewohnheiten...), in der Bildungs- und Lernbiografie (Schule, Aus- und Fortbildungen, im Leben Erlerntes, Hobbies...) sowie in der Biografie der Persönlichkeit (Talente, Interessen, Charaktereigenschaften, Wahrnehmungs-, Denk- und Verhaltensmuster, Selbstwahrnehmung/Fremdwahrnehmung, spirituelle Erfahrungen, Bewusstsein).

Zur Durchführung der Biografiearbeit gibt es unterschiedliche methodische Ansätze: Erhebungen mittels Biografiebogen, Alltagsgespräche (relevante Ergebnisse werden dokumentiert), das Zusammenfügen von Geschichten, gezielte Gespräche, künstlerische Ausdrucksformen, z.B. Malen, Fotos.

Alle diese Erfahrungen sind Ressourcen für einen konstruktiven Umgang mit den Gegebenheiten der Gegenwart und Zukunft. Vor allem positive Geschichten aus dem Leben sollen abgebildet werden, um die Identität des Menschen auch in der Zukunft leben (lassen) zu können.
Die Biografiearbeit stellt eine Möglichkeit dar, Zugang zur Seele zu verschaffen.

Maßnahmen für Angehörige und Freunde

Informieren Sie sich
Angehörige sind häufig ebenso überfordert im ersten Moment und ratlos. Daher ist ein offenes Gespräch, wenn möglich, auch hier ein guter Weg.

Suchen Sie keine Schuld
Weder Eltern noch Angehörige sollten die Frage nach Schuld bzw. die Suche nach Schuldigen angehen. Dies ist Teil des Trauerprozesses. Da er niemanden hilft, und niemand sich diese Situation so gewünscht hat, zerstört es nur Beziehungen in einer ohnehin sehr belastenden Zeit. Die eigene Unsicherheit, die dahintersteckt, offen anzusprechen, ist ehrlicher und belastet die Beziehung nicht.

Bleiben Sie in Kontakt
Sowohl für Eltern als auch für Angehörige und Freunde gilt, bleiben Sie in Kontakt. Früher oder später wird ein gemeinsames Gespräch möglich sein. Jeder durchläuft diesen Prozess individuell, in seinem eigenen Tempo. Gestehen Sie sich und anderen das zu und haben Sie Geduld. Das Angebot kann schon Hilfe genug sein für die erste Zeit.

Bieten Sie Hilfe an
Seien Sie als Angehörige und Freunde da für die Eltern, Geschwister, das Kind mit besonderen Bedürfnissen. Dieses Da-Sein kann darin bestehen ein guter Zuhörer zu sein oder einmal einen Einkaufsdienst zu übernehmen, bei einem Spaziergang, Behördenweg, Arztbesuch zu begleiten oder in der Betreuung mitzuhelfen. Verbringen Sie Zeit mit der Familie, wenn es gewünscht ist.

16 Sinn des Lebens ~
Wendepunkte und Neuorientierung

Viktor Frankl hat das Werk mit dem Titel „Trotzdem Ja zum Leben sagen" geschrieben. Frankl, ein Neurologe und Psychiater, Begründer der Logotherapie und Existenzanalyse („Dritte Wiener Schule der Psychotherapie"), beschreibt darin seine Erfahrungen in deutschen Konzentrationslagern. Das zentrale Erlebnis im Konzentrationslager war für Frankl die Erfahrung, dass es möglich ist, auch noch unter inhumansten Bedingungen einen Sinn im Leben zu sehen. So beschreibt er, dass diejenigen Häftlinge eine bessere Chance hatten, zu überleben, die jemanden hatten, der auf sie wartet. Für Frankl selbst war es die Vorstellung, dass er in der Zukunft Vorlesungen über die Auswirkungen des Lagers auf die Psyche halten wird. "Die geistige Freiheit des Menschen, die man ihm bis zum letzten Atemzug nicht nehmen kann, lässt ihn auch noch bis zum letzten Atemzug Gelegenheit finden, sein Leben sinnvoll zu gestalten." (Viktor Frankl)

Davon ausgehend, dass alles Leben und Leiden Sinn hat, kann Sinn jedoch nicht durch andere vorgegeben werden, sondern muss durch jeden Menschen selbst gefunden werden.

Die Geburt eines Kindes scheint öfters mal das Leben auf den Kopf zu stellen. Die Nachricht ein Kind mit besonderen Bedürfnissen zu haben, bedeutet einen Wendepunkt im Leben. Wie kann man nun diesem Wendepunkt im Leben begegnen? Fragen Sie sich, welche Werte für Sie persönlich im Leben wichtig sind. Diese Nachricht bedeutet für Sie Abschied und Neuorientierung. Wer leidet, beginnt, so C.G. Jung, einen Ausweg zu suchen und über den Sinn des Lebens und verwirrenden und schmerzlichen Erfahrungen nachzudenken. Immer wenn der normale Fluss des Lebens ins Stocken gerät, ist es Zeit, seine Werte, die das Leben bestimmen und tragen, zu überprüfen und eventuell zu verändern. Dabei geht es auch um Loslassen und Neuorientierung.

Nehmen Sie sich für diesen Wendepunkt in Ihrem Leben ausreichend Zeit. Planen Sie Zwischenschritte ein. Beobachten Sie sich selbst und suchen Sie jemanden, der Ihnen zuhört. Erforschen Sie Ihr eignes Potenzial und lernen Sie Neues.

Carl Rogers, der Gründer der personenzentrierten Gesprächspsychotherapie, hat seiner Arbeit die Annahme zugrunde gelegt, dass jedem Menschen die Tendenz innewohne, zu wachsen, sich zu entwickeln, vom ersten bis zum letzten Atemzug. Die Entwicklung nach vorne, die Weiterentwicklung der im Menschen angelegten Potenziale hält die Rückentwicklung, den Abbau hintan. „Was sich nicht weiterentwickelt, entwickelt sich zurück", heißt es.

Ich wünsche Ihnen alles Gute!

Literatur

[1] vgl. Biewer, Gottfried: Grundlagen der Heilpädagogik und Inklusiven Pädagogik. Bad Heilbrunn: Julius Klinkhardt 2009, S. 59.

[2] BGSTG (Österreich): http://www.ris.bka.gv.at/GeltendeFassung.wxe?Abfra ge=Bundesnormen&Gesetzesnummer=20004228&Sh owPrintPreview=True

[3] Pschyrembel, Wörterbuch, 2001, S. 824.

[4] http://bidok.uibk.ac.at/library/steingruber-recht.html Steingruber, Alfred: Der Behindertenbegriff im österreichischen Recht. Diplomarbeit Universität Graz 2000, o.S.

[5] Bleidick, Ulrich: Einführung in die Behindertenpädagogik 2, Stuttgart: Kohlhammer 1992. S. 12.

[6] Cloerkes, Günther: Soziologie der Behinderten. Eine Einführung. Heidelberg: Universitätsverlag Winter ³2007, S. 6.

[7] vgl. Biewer, Gottfried: Grundlagen der Heilpädagogik und Inklusiven Pädagogik. Bad Heilbrunn: Julius Klinkhardt 2009, S. 59ff.

[8] vgl. Hensle, Ulrich/Vernooij, Monika A.: Einführung in die Arbeit mit behinderten Menschen. Wiebelsheim: Quelle & Meyer ⁶2006. S. 13.

[9] Neumann, Johannes: Die gesellschaftliche Konstituierung von Begriff und Realität der Behinderung. In: Ders. (Hg.): Behinderung. Von der Vielfalt eines Be griffs und dem Umgang damit. Tübingen 1997, S. 38f.

113

[10] Daum U./Matzat, Jürgen/Moeller Michael: Selbsthilfegruppen für chronisch Kranke. In: Beckmann, D./Davies-Osterkamp, S./Scheer, J. (Hg.). Medizinische Psychologie. Forschung für Klinik und Praxis. Berlin: Springer 1982, S. 354.

[11] Beutel, Manfred: Bewältigungsprozesse bei chronischen Erkrankungen. Weinheim: Wiley-VCH Verlag 1988. o.S.

[12] vgl. Seligman, Martin: Erlernte Hilflosigkeit. München, Weinheim: Psychologie-Verlags-Union, Urban und Schwarzenberg 1986, o.S.

[13] Büker, Christa: Leben mit einem behinderten Kind. Bewältigungshandeln pflegender Mütter im Zeitverlauf. Bern: Hans Huber 2010, S. 14.

[14] vgl. Lambeck, Susanne: Diagnoseeröffnung bei Eltern behinderter Kinder. Göttingen, Stuttgart: Verlag für Angewandte Psychologie, Hogrefe 1992, o.S.

[15] Freeland, 1990

[16] Fallowfield, Lesley: Communicating sad, bad, and difficult news in medicine. In: Psycho-Oncology, Vol. 4, 1995. S. 197-202.

[17] Christ-Steckhan, Claudia: Elternberatung in der Neonatologie. Basel, München: Reinhardt 2005, S. 142f.

[18] vgl. Hinze, Dieter: Väter und Mütter behinderter Kinder. Der Prozess der Auseinandersetzung im Vergleich. Heidelberg. HVA, Ed. Schindele [2]1993, S. 72ff.

[19] vgl. Krause, Matthias P.: Gesprächspsychotherapie und Beratung mit Eltern behinderter Kinder. Basel, München: Reinhardt 2002. S. 19.

[20] vgl. Wieser, Bernadette: 3, 2, 1 - los! In: Behinderte Menschen. 1/2010. S. 6–7.

[21] vgl. Lambeck, Susanne: Diagnoseeröffnung bei Eltern behinderter Kinder. Göttingen, Stuttgart: Verlag für Angewandte Psychologie, Hogrefe 1992, o.S.

[22] vgl. Hinze, Dieter: Väter und Mütter behinderter Kinder. Der Prozess der Auseinandersetzung im Vergleich. HVA, Ed. Schindele [2]1993, S. 72ff.

[23] vgl. Krause, Matthias P.: Gesprächspsychotherapie und Beratung mit Eltern behinderter Kinder. Basel, München: Reinhardt 2002. S. 19.

[24] Jonas, 1990, zit. in vgl. Büker, Christa: Leben mit einem behinderten Kind. Bewältigungshandeln pflegender Mütter im Zeitverlauf. Bern: Hans Huber 2010, S. 24.

[25] Filipp, Sigrun-Heide: Ein allgemeines Modell für die Analyse kritischer Lebensereignisse. In: Filipp, S.-H.: Kritische Lebensereignisse. Weinheim 1995, S. 3.

[26] Filipp 1981, zit. in vgl. Hinze, Dieter: Väter und Mütter behinderter Kinder. Der Prozess der Auseinandersetzung im Vergleich. HVA, Ed. Schindele [2]1993, S. 186.

[27] Ulich 1982, zit. in vgl. Hinze, Dieter: Väter und Mütter behinderter Kinder. Der Prozess der Auseinandersetzung im Vergleich. HVA, Ed. Schindele [2]1993, S.186.

[28] Nitsch, Jürgen R.: Zur Gegenstandsbestimmung der Stressforschung. In: Nitsch, J.R. (Hg.), Stress. Theorien, Untersuchungen, Maßnahmen. Bern: Huber 1981, S. 29-51.

[29] Lazarus 1981, zit. in vgl. Hinze, Dieter: Väter und Mütter behinderter Kinder. Der Prozess der Auseinandersetzung im Vergleich. HVA, Ed. Schindele [2]1993, S. 176.

[30] vgl. Sonneck, Gernot: Krisenintervention und Suizidverhütung. Wien: Facultas 2000, S. 16.

[31] Schuchardt, Erika: Warum gerade ich? Leben lernen in Krisen. Göttingen: Vandenhoeck & Ruprecht 2002, S. 45.

[32] vgl. Christ-Steckhan, Claudia: Elternberatung in der Neonatologie. Basel, München: Reinhardt 2005, S. 143ff.

[33] vgl. Hinze, Dieter: Väter und Mütter behinderter Kinder. Der Prozess der Auseinandersetzung im Vergleich. HVA, Ed. Schindele [2]1993, S. 176ff.

[34] vgl. Büker, Christa: Leben mit einem behinderten Kind. Bewältigungshandeln pflegender Mütter im Zeitverlauf. Bern: Hans Huber 2010, S. 51ff.

[35] Miller 2003, zit. in vgl. Peer, Carmen: Die Lebensqualität der Patienten mit Epidermolysis bullosa hereditaria. Ein qualitativer Fallbericht. Laureatarbeit Universität Verona 2008. S. 35f.

[36] Lavin, Judith/Sproedt, Claudia: Besondere Kinder brauchen besondere Eltern. Ratingen: Oberstebrink 2004. o.S.

[37] Kast, Verena: Trauern. Phasen und Chancen des psychischen Prozesses. Stuttgart: Kreuz 2011. S. 91ff.

[38] Lavin, Judith/Sproedt, Claudia: Besondere Kinder brauchen besondere Eltern. Ratingen: Oberstebrink 2004. o.S.

[39] vgl. Hensle, Ulrich/Vernooij, Monika A.: Einführung in die Arbeit mit behinderten Menschen. Wiebelsheim: Quelle & Meyer [6]2006. S. 269.

[40] Büker, Christa: Leben mit einem behinderten Kind. Bewältigungshandeln pflegender Mütter im Zeitverlauf. Bern: Hans Huber 2010, S. 13.

[41] Eckert, Andreas: Familie und Behinderung. Studien zur Lebenssituation von Familien mit einem behinderten Kind. Hamburg: Verlag Dr. Kovac 2008. S. 17f.

[42] vgl. Hensle, Ulrich/Vernooij, Monika A.: Einführung in die Arbeit mit behinderten Menschen. Wiebelsheim: Quelle & Meyer [6]2006. S. 268.

[43] vgl. Hensle, Ulrich/Vernooij, Monika A.: Einführung in die Arbeit mit behinderten Menschen. Wiebelsheim: Quelle & Meyer [6]2006. S. 271f.

[44] vgl. Engelbert, Angelika: Behinderung im Hilfesystem: Zur Situation von Familien mit behinderten Kindern. In: Cloerkes, Günther (Hg.): Wie man behindert wird. Heidelberg: Universitätsverlag Winter 2003. S. 209.

[45] vgl. Engelbert, Angelika: Behinderung im Hilfesystem: Zur Situation von Familien mit behinderten Kindern. In: Cloerkes, Günther (Hg.): Wie man behindert wird. Heidelberg: Universitätsverlag Winter 2003. S. 212.

[46] Jonas, o.J., zit. in vgl. Hensle, Ulrich/Vernooij, Monika A.: Einführung in die Arbeit mit behinderten Menschen. Wiebelsheim: Quelle & Meyer [6]2006. S. 273.

[47] vgl. Hensle, Ulrich/Vernooij, Monika A.: Einführung in die Arbeit mit behinderten Menschen. Wiebelsheim: Quelle & Meyer [6]2006. S. 272f.

[48] Seifert, Monika: Mütter und Väter von Kindern mit Behinderung. In: Jeltsch-Schudel, Barbara/Wilken, Udo (Hg.): Eltern behinderter Kinder. Empowerment – Kooperation - Beratung. Stuttgart: Kohlhammer 2003. S. 43f.

[49] Cloerkes, Günther: Soziologie der Behinderten. Eine Einführung. Heidelberg: Universitätsverlag Winter [3]2007, S. 290.

[50] vgl. Hinze, Dieter: Väter und Mütter behinderter Kinder. Der Prozess der Auseinandersetzung im Vergleich. HVA, Ed. Schindele [2]1993, S. 34ff.

[51] vgl. Kallenbach, Kurt: Väter schwerstbehinderter Kinder, Berlin, München: Waxmann 1997. S. 49f

[52] Cloerkes, Günther: Soziologie der Behinderten. Eine Einführung. Heidelberg: Universitätsverlag Winter [3]2007, S. 291.

[53] Hinze, Dieter: Väter und Mütter behinderter Kinder. Der Prozess der Auseinandersetzung im Vergleich. HVA, Ed. Schindele [2]1993, S.136ff.

[54] Dreyer, P.: Ungeliebtes Wunschkind. Frankurt: Fischer, 1990. o.S.

[55] Richter 1963, zit. in Cloerkes, Günther: Soziologie der Behinderten. Eine Einführung. Heidelberg: Universitätsverlag Winter [3]2007, S. 253.

[56] vgl. Hensle, Ulrich/Vernooij, Monika A.: Einführung in die Arbeit mit behinderten Menschen. Wiebelsheim: Quelle & Meyer [6]2006. S. 280ff.

[57] Hackenberg und Seifert, o.J., zit. in Hensle, Ulrich/Vernooij, Monika A.: Einführung in die Arbeit mit behinderten Menschen. Wiebelsheim: Quelle & Meyer [6]2006. S. 278f.

[58] Cloerkes, Günther: Soziologie der Behinderten. Eine Einführung. Heidelberg: Universitätsverlag Winter [3]2007, S. 293f.

[59] vgl. Hensle, Ulrich/Vernooij, Monika A.: Einführung in die Arbeit mit behinderten Menschen. Wiebelsheim: Quelle & Meyer [6]2006. S. 278ff.

[60] Achilles, Ilse: Eltern behinderter Kinder. In: Behinderte Menschen. 1/2007. S. 66-77.

[61] zit. in Lavin, Judith/Sproedt, Claudia: Besondere Kinder brauchen besondere Eltern. Ratingen: Oberstebrink 2004. S. 51.

[62] Cloerkes, Günther: Soziologie der Behinderten. Eine Einführung. Heidelberg: Universitätsverlag Winter [3]2007, S. 119ff.

[63] Lavin, Judith/Sproedt, Claudia: Besondere Kinder brauchen besondere Eltern. Ratingen: Oberstebrink 2004. S. 65f.

[64] vgl. Hennemann, Judith: Besonderes Glück? Hilfen für Eltern mit einem geistig behinderten Kind. Frankfurt: Mabouse 2011, S. 71ff.

[65] vgl. Eckert, Andreas: Familie und Behinderung. Studien zur Lebenssituation von Familien mit einem behinderten Kind. Hamburg: Verlag Dr. Kovac 2008. S. 50ff.

[66] vgl. Beyersmann, Inge: Entwicklungsbegleitung und Beratung bei Störungen der primären Bezogenheit zwischen Eltern und ihrem Baby. In: Schnoor, Heike (Hg.): Psychosoziale Beratung in der Sozial- und Rehabilitationspädagogik. Stuttgart: Kohlhammer 2006. S. 119f.

[67] Bauer, Joachim: Warum ich fühle, was du fühlst. München: Heyne 2005. S. 12.

[68] vgl. Graf, Johanna/Schneewind, Klaus A./Walper, Sabine: Sozialisation in der Familie als Quelle individueller Unterschiede. In: Amelang, Manfred (Hg.): Enzyklopädie der Psychologie. Determinanten individueller Unterschied. Bern, Göttingen, Seattle, Toronto: Hogrefe 2000. S. 262ff.

[69] Veith, Hermann: Sozialisation. München: Ernst Reinhardt Verlag 2008, S. 67ff.

[70] vgl. Kißgen, Rüdiger: Eltern behinderter Kinder. Eine bindungstheoretische Betrachtung. In: Behinderte Menschen. 1/2007. S. 30-34.

[71] vgl. Kißgen, Rüdiger: Eltern behinderter Kinder. Eine bindungstheoretische Betrachtung. In: Behinderte Menschen. 1/2007. S. 30-34.

[72] vgl. Beyersmann, Inge: Entwicklungsbegleitung und Beratung bei Störungen der primären Bezogenheit zwischen Eltern und ihrem Baby. In: Schnoor, Heike (Hg.): Psychosoziale Beratung in der Sozial- und Rehabilitationspädagogik. Stuttgart: Kohlhammer 2006. S. 120.

[73] Cloerkes, Günther: Soziologie der Behinderten. Eine Einführung. Heidelberg: Universitätsverlag Winter ³2007, S. 283f.

[74] Oppenheim, David/Koren-Karie, Nina/Yirmiya, Nurit/Dolev, Smadar: Welchen Einfluss haben die Einfühlsamkeit der Mutter und ihre Fähigkeit zur Verarbeitung der Diagnose auf die Bindungssicherheit autistisch gestörter Kinder? In: Brisch, Karl Heinz (Hg.): Bindung und frühe Störungen der Entwicklung. Stuttgart: Klett-Cotta 2011. S. 203ff.

[75] vgl. Stabentheiner, Wolfgang: Die Entwicklungsphasen des Kindes. http://www.future.at/future-nachlese2.html.

[76] vgl. Stabentheiner, Helga: Stärkenorientierte Biografiearbeit. http://www.future.at/future-nachlese2.html.

Danke...

an alle Mütter, Väter, Kinder, Angehörige,
die ich kennengelernt habe und
die mir Einblicke in sehr persönliche Bereiche ihres
Lebens geschenkt haben

an alle Menschen,
die sich als Interviewpartnerinnen und Interviewpartner
zur Verfügung gestellt haben

an Univ.-Doz. Dr. med. Olaf Rittinger,
für die Verfassung des Vorwortes

an einen Freund,
der mich wesentlich motiviert hat dieses Buch zu
schreiben,
für die Inspiration und die begleitende Unterstützung

an all die sonstigen Helferinnen und Helfer,
die sich freundlicherweise als Testleserinnen und
Testleser engagiert haben,
die das Lektorat meines Manuskripts übernommen
haben,
die bei der Wahl des Titels behilflich waren,
die in irgendeiner sonstigen Weise beigetragen haben.

Mag.[a] rer.soc.oec. Brigitte A. Sailer, BA Soziale Arbeit, arbeitet in einer Gesundheits-/Sozialeinrichtung für Menschen mit einer seltenen chronischen Erkrankung und verfügt über vielseitige Erfahrungen im Sozialbereich.

Univ.-Doz. Dr. med. Olaf Rittinger ist Leiter der Genetischen Beratungsstelle an der PMU (Paracelsus Medizinische Privatuniversität) Salzburg/SALK (Salzburger Landeskliniken), FA für Kinder- und Jugendheilkunde und AdditivFA für Humangenetik mit besonderem Interesse für Entwicklungsstörungen mit auffälligem Phänotyp und kognitiver Einschränkung.